缤纷以色列

主　编 孟振华　副主编 胡　浩　艾仁贵

以色列国防军

张鋆良 著

南京大学出版社

图书在版编目（CIP）数据

以色列国防军 / 张鋆良著. -- 南京：南京大学出版社，2022.7
（缤纷以色列 / 孟振华主编）
ISBN 978-7-305-25856-5

Ⅰ. ①以… Ⅱ. ①张… Ⅲ. ①军队史 - 以色列 Ⅳ. ① E382.9

中国版本图书馆 CIP 数据核字（2022）第 100824 号

出 版 者	南京大学出版社
社　　址	南京市汉口路22号　邮　编　210093
出 版 人	金鑫荣

丛 书 名	缤纷以色列
丛书主编	孟振华
书　　名	**以色列国防军**
著　者	张鋆良
责任编辑	田　甜　　编辑热线　025-83593947

照　　排	南京新华丰制版有限公司
印　　刷	南京爱德印刷有限公司
开　　本	880×1230　1/32　印张3.75　字数111千
版　　次	2022年7月第1版　2022年7月第1次印刷
ISBN	978-7-305-25856-5
定　　价	30.00元

网址：http://www.njupco.com
官方微博：http://weibo.com/njupco
官方微信号：njupress
销售咨询热线：（025）83594756

* 版权所有，侵权必究
* 凡购买南大版图书，如有印装质量问题，请与所购图书销售部门联系调换

编辑委员会

主　任：徐　新

副主任：宋立宏　孟振华

委　员：艾仁贵　胡　浩　孟振华　宋立宏
　　　　徐　新　张鋆良　[以] Iddo Menashe Dickmann

主　编：孟振华

副主编：胡　浩　艾仁贵

总 序

　　以色列国是一个充满奇迹的地方。早在两千多年前，犹太人的祖先就在这里孕育出深邃的思想，写下了不朽的经典，创造了璀璨的文明，影响了整个西方世界。在经历了两千年漫长的流散之后，犹太人又回到故土，建立起一个崭新的现代国家。他们不仅复兴了民族的语言和文化传统，更以积极的态度参与和引领着现代化的潮流，在诸多领域都取得了足以傲视全球的骄人成绩。

　　中犹两个民族具有诸多共同点，历史上便曾结下深厚的友谊。中国和以色列建交已30年，两国人民之间的交往也日益密切和频繁，各个领域的合作前景乐观而广阔。赴以色列学习、工作或旅行的中国人越来越多，他们或流连于其旖旎的自然风光，或醉心于其深厚的文化底蕴，或折服于其发达的科技成就。近年来中文世界关于以色列的书籍和网络资讯更是层出不穷，大大拓宽了人们的视野。

　　不过，对于很多中国人来说，这个位于亚洲大陆另一端的小国仍然是神秘而陌生的。即使是去过以色列，或与其国民打过不少交道的人，所了解的往往也只是一些碎片信息，不同的人对于同一问题的印象和看法常常会大相径庭。以色列位于东西方交汇点的特殊位置和犹太人流散世界各地的经历为这个国家带来了显著的多元性，而它充沛的活力又使得整个国家始终处在动态的发展之中。因此，恐怕很难用简单的语言和图片准确地勾勒以色列的全景。尽管如此，若我们搜集到足够丰富的碎片信息，并能加以综合，往往便会获得新的发现——这正如转动万花筒，当碎片发生新的组合时，就会产生无穷的新图案和新花样，而我们就将看到一个更加缤纷多彩的以色列。

作为中国高校中率先成立的犹太和以色列研究机构，南京大学犹太和以色列研究所携手南京大学出版社，特地组织和邀请了多位作者，共同编写这套题为《缤纷以色列》的丛书，作为中以建交30周年的献礼。丛书的作者中既有专研犹太问题的顶尖学者，也有与以色列交流多年的业界精英；既有成名多年的资深教授，也有前途无量的青年才俊。每位作者选择自己熟悉和感兴趣的专题撰写文稿，并配上与内容相关的图片，用图文并茂的形式呈现给读者，力求做到内容准确，通俗易懂，深入浅出，简明实用。也许，每本书都只能提供几块关于以色列的碎片，但当我们在这套丛书内外积累了足够多的碎片，再归纳和总结的时候，就算仍然难以勾勒这个国家的全景，也一定会发现一个崭新的世界。

孟振华

2021年3月谨识

前　言

　　对于中国读者来说，以色列是一个有足够曝光度却缺乏充分了解度的国家，提起以色列，很多中国人都能想到犹太人、巴以冲突、中东战争、特种部队、创新科技等等，但似乎总又模模糊糊难尽其详。实际上，对于以色列这样一个体量精致、结构紧凑的国家，要在短期内快速高效地了解其社会全貌，寻找一个合适的切入口是比较聪明的选择，这个切入口最好在广度和深度上都能触及以色列社会的方方面面，既有历史渊源，又有现实原因，既有物质表现，又有精神内涵，如果依这条标准来寻找，以色列国防军无疑是首选。

　　以色列建国 70 多年来，历经了大大小小数十场战争，却一直没能得到明确界定和国际公认的边界，至今仍不时与周边势力发生冲突和摩擦，许多以色列人至今仍然认为这个国家正在面临生存威胁，因此，以色列国防军成了整个国家最为倚重的对象。国防军也确实没有令以色列人失望，自从 1948 年在以色列独立战争期间建军以后，以色列国防军在战场上鲜尝败绩，在战火洗礼中迅速成长，如今已成为世界领先的武装力量之一。时至今日,以色列国防军仍然毋庸置疑地是以色列国家生存的最终保障者,也是平衡中东这块世界最受人瞩目的战略要地上各方势力的关键力量。

不仅如此,除了长期保卫以色列国家不受外敌和暴力侵害外,以色列国防军还承担着重要的社会和经济职能,扮演着这个国家的建设者、教育者、研发者、引领者等多重身份,它是以色列实力和效率的象征,更是以色列社会的一个核心机构。由于实行全民兵役制,以色列大多数成年公民都在国防军中服役过,而且绝大多数男性要在预备役中一直服役到中年,以色列国防军的影响也因此得以深入这个国家社会生活的几乎所有领域,在体现国家意志的同时,也塑造着国家精神,甚至对许多以色列人来说,在以色列国防军中服役才是真正的成人仪式。

在大部分其他国家的人们眼里,以色列这种全民皆兵的社会体验既陌生又难以共情。的确,和平与发展已成为全球主题。自二战结束后,世界上大部分地区和国家早已摆脱了战争阴影,享受了半个多世纪近四代人的和平红利,习惯了岁月静好的人们,自然无法体会以色列在中东这个火药桶里如芒在背的紧迫感和压抑感,也无法理解以色列为了生存而负重前行艰难抉择的无奈,尤其是在这个信息大爆炸的时代,获取以色列的相关知识对于中国读者来说已没有太多困难,但我们时常会把自己由于生活在一个祥和国度而建立起的惯性思维当作棱镜去观察以色列这样的国家,我们的生活已经把和平、安全和文明变成了理所当然,即使再怎么设身处地,也无法想象以色列每天都在面对的险恶与不安。

由此产生的结果是对以色列的浪漫化演绎，走上或捧杀或棒杀的两个极端：吹捧者视其为民族复兴、科技发展和创业创新等领域的模范，反对者则斥其为穷兵黩武、好战嗜杀的典型。不过我们也很容易觉察出，这些相互对抗的观点和态度，其论据几乎无一不和以色列国防军有着紧密关联。本书无意讨论孰是孰非，也无力破除根深蒂固的思维棱镜，本书所能做的，就是找到最好的聚焦对象——以色列国防军，并以最清晰简洁的方式呈现出来，在一定程度上抵消棱镜的影响。

本书将分为四部分来介绍以色列国防军：一是发展历程，介绍国防军如何从一支支简陋的地下武装最终发展成一支值得以色列托付的国家军队，此后又经历了多少辉煌、考验与挫折。二是组织制度，介绍以色列最具特色的全民兵役制度、以色列国防军的军衔、军种、部门等。三是特种部队，除了久负盛名的"野小子"特种部队以外，还介绍了中国读者不太熟悉，但在以色列国防军的地位却不亚于甚至超过"野小子"的两支特种部队，遗憾的是最为国内读者熟知的以色列情报组织"摩萨德"并不隶属于以色列国防军，因此本书不能多加赘述了。四是军事产业，介绍以色军事工业的发展历程和以色列生产的一些经典武器装备，以及它们背后的故事。

受篇幅和笔者水平所限，本书只能对以色列国防军做一个全景式的介绍。这是一支太有个性、太有故事也太有争议的军队，要完整详细地说明它的方方面面必然会是项浩瀚艰巨的任务，这恐怕也是国内到目前为止还未出现系统性介绍以色列国防军的书籍的原因。有鉴于此，本书只是以浮光掠影的方式围绕本书的主题梳理出了一个框架，只希望读者们通过阅读本书，能使印象中的以色列国防军形象不再那么模糊和夸张，并产生进一步延伸阅读的意愿。读者们可以再结合本套丛书中对以色列其他主题的介绍，勾勒出一个更为真实、清晰、生动的以色列。

张鋆良
2021 年 9 月

目 录

一 发展历程

背景与前身 ……………………………………… 001

建军与发展 ……………………………………… 010

挫折与转型 ……………………………………… 022

二 组织制度

兵役制度 ………………………………………… 031

军衔 ……………………………………………… 033

组织机构 ………………………………………… 037

军种 ……………………………………………… 040

四大战区 ………………………………………… 044

三 特种部队

"野小子"部队 ………………………………… 053

8200 部队 ……………………………………… 057

塔皮奥特 ………………………………………… 062

四 军事产业

发展简史 ·· 065
经典装备 ·· 070

结 语 ·· 092

参考文献 ·· 093

附录 1 中以交往一枝春 ·· 095

附录 2 南京大学黛安/杰尔福特·格来泽犹太和以色列研究所简介 ·· 101

附录 3 看起来满街是枪的以色列何以没有大型枪击案？ ·· 105

二 发展历程

背景与前身

以色列国防军的前身可以追溯到二十世纪初,当时的巴勒斯坦只是奥斯曼土耳其帝国一个偏远荒僻的省份,面积约为26 000平方千米,居住着约55 000名犹太人和多达600 000名阿拉伯人和德鲁兹人。许多犹太人是为躲避东欧的反犹屠杀而逃来这里的,但巴勒斯坦也不太平,盗匪横行,部族之间经常发生冲突。为了保护犹太人定居点,一些来自俄国的犹太移民在1907年自发建立了两个最早的犹太自卫军事性质的组织:"巴尔乔拉"(以公元67-73年反抗罗马人的大起

古罗马马默丁监狱遗址的墓碑,上面刻着古代关押在这里的著名囚犯的名字,最后一个就是巴尔乔拉

"哈肖默"队员

义领袖的名字命名）和"哈肖默"（意为"警卫"）。两年后哈肖默收编了巴尔乔拉，这标志犹太军事力量开始出现在巴勒斯坦地区。

锡安骡子军团创始人约瑟夫·特朗普尔多

哈肖默实际上是一支雇佣军性质的队伍，只有两三百名成员，通过为一些犹太人定居点提供警卫服务来换取报酬和食宿，此外还承担押运货物、护送旅客、追讨失物等任务。有时也会主动攻击阿拉伯人以夺取武器、物资，或帮助犹太定居者清理有争议的土地。后来哈肖默由于从事亲英国的间谍活动而被奥斯曼土耳其帝国取缔，许多成员遭驱逐，只能转入地下活动。

一战爆发后的1915年，一群被奥斯曼土耳其从巴勒斯坦驱逐到埃及的犹太人以志愿者身份加入英国军队，组成"锡安骡子军团"，为英军运送物资，1916年该团解散，部分团员进入英军正规部队服役。随着奥斯曼土耳其帝国在一战中崩溃，英国开始对巴勒斯坦实行殖民性质的委任统治。从1917年8月到1918年4月，英军组建了5个犹

英军中的犹太营士兵合影

英国接管耶路撒冷仪式现场

太营，番号为皇家燧发枪队第38、39、40、41、42营，成员除了前锡安骡子军团成员外还有来自俄国、英国、美国、加拿大和巴勒斯坦当地的犹太人，总数达到了5 000人。

犹太复国主义运动在1917年于英国发表的《贝尔福宣言》的鼓励下，开始加紧推动全世界犹太人向巴勒斯坦移民。但这引起了当地阿拉伯人的不满，从1919年秋天开始，巴勒斯坦以及邻国叙利亚和埃及开始发生阿拉伯人暴动和骚乱，犹太人定居点不断受到攻击，英国委任当局对此束手无策。被称为"伊休夫"的巴勒斯坦犹太人社区迫切需要组建一支为整个社区服务的新型犹太武装力量。于是，1920年4月，犹太民兵组织"哈加纳"（意为"防卫"）成立了，不久后哈肖默正式解散。哈加纳隶属于新成立的犹太劳工总会，此时正值流亡海外的哈肖默成员开始返回，还有大批俄国犹太人在俄国革命后也来到了巴勒斯坦，这些人中很多参加过一战或俄国内战、俄－波战争甚至日俄战争，积累了不少军事经验，遂成为哈加纳中的主力。

《贝尔福宣言》原件

英国委任当局禁止犹太人拥有枪支弹药和独立武装力量，因此哈加纳原则上是非法的，不过，英国当局也意识到自己在巴勒斯坦势单力孤，要完全靠自己维持当地治安捉襟见肘，所以对哈加纳的地下活动睁一只眼闭一只眼。1929年，巴勒斯坦再次爆发大规模阿拉伯人骚乱，哈加纳在其中保卫犹太人定居点的英勇表现和发挥的积极作用受到了广泛肯定，也使伊休夫认识到大力扶植哈加纳的重要性，两年后，哈加纳的指挥权从犹太劳工总会移交给了犹太复国主义行政机构。英国当局也放松了对哈加纳的禁令，甚至向各犹太定居点分发了少量枪支弹药，但只许在紧急情况下使用。

在英国人的默许和不断流入伊休夫的海外犹太人援助资金的支持下，哈加纳开始迅速发展起来，训练、装备和组织水平得到提高，这些都使得哈加纳的战斗力开始超越它的阿拉伯对手，因此哈加纳不再满足于自卫，从1938年起，一些哈加纳成员开始在英国人的训练和指挥下执行巡护输油管道和清剿恐怖分子的任务。后来，哈加纳甚至成立了专门的战斗小组"弗希"来主动攻击阿拉伯人。

但是，1939年5月英国提出了关于巴勒斯坦问题的白皮书，对犹太人在巴勒斯坦购买土地、移民配额等多个方面进行了严苛的限制，还承诺让巴勒斯坦阿拉伯社区"向独立发展"，这是对犹太复国主义运动的重大打击，伊休夫与英国委任当局的关系走向恶化，英方开始大规模搜查、逮捕和审判哈加纳成员，这标志着过去希望在英国的援助以和平手段实现目标的政治犹太复国主义的破产，取而代之的是以

1929年骚乱中被毁的犹太教堂

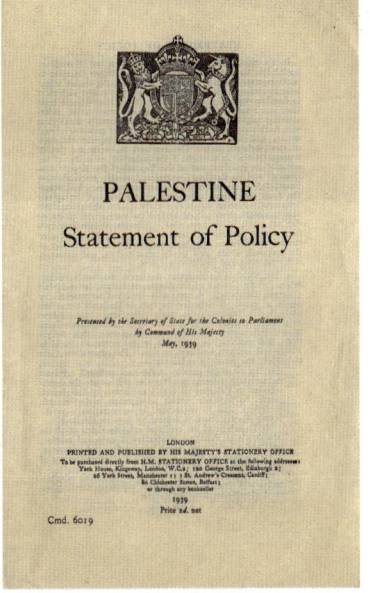

1939年白皮书原件封面

武装斗争来争取建国的激进化犹太复国主义路线。

虽然再次遭受打压,但此时的哈加纳已羽翼渐丰,成员已达15 000人,其中有两三百名专职战士。拥有6 000支步枪,100万发弹药,600挺轻机枪和冲锋枪,24 000枚手榴弹和12 000枚枪榴弹,拥有自己的计划部门、技术部门、情报部门和训练部门,能够定期为成千上万的各类人员举办训练班。英国当局再也无法彻底取缔哈加纳,相反,二战开始后,迫于战事压力,英方缓和了与哈加纳的关系,哈加纳也派出人员参与了英国的作战活动。

为了防备轴心国进攻巴勒斯坦,1940年,伊休夫在哈加纳中组建了一支更接近正规军的部队"帕尔马赫"(意为"突击队"),其指挥官和许多成员都来自原先的"弗希"小组,其他成员则都要通过精挑细选,一开始只有400多人,但到1944年规模已达1 500人左右。帕尔马赫成了哈加纳中的精锐部队,成员训练有素,甚至已经有了军种分工。除此以外,还有近3万名来自伊休夫的犹太人(10%为女性)

"哈加纳"的装甲车

以志愿者身份加入英军参加了二战,在战争接近尾声的时候,英军甚至组建了一个犹太旅。

二战结束后,加上从英军中复员的老兵,哈加纳已经拥有约30 000名男女成员,精锐的帕尔马赫有约2 000人,其余人员则分属由青壮年组成的野战部队和由老弱人员组成的守备部队。此外,哈加纳还建立了自己的军工产业,到以色列独立战争爆发前夕,哈加纳已经拥有大量轻重武器和弹药,足以碾压巴勒斯坦当地的阿拉伯武装。

哈加纳的发展壮大引起了英国委任当局的警觉,认为它的存在已经威胁到了英帝国在中东的殖民统治,而此时由本-古里安领导的伊休夫当局也对英国人越来越不满,认为他们违反《贝尔福宣言》的承诺,迟迟不允许犹太人建国,还阻止成千上万名犹太大屠杀幸存者进入巴勒斯坦。于是双方爆发了空前冲突:英国当局大肆抓捕哈加纳成员,而哈加纳则开始破坏英方的装备和设施,另外两支较小的犹太人右翼

被"伊尔贡"炸毁的大卫王酒店南侧　　　　　"莱希"组织标志

武装组织"伊尔贡"（意为"民族武装"）和"莱希"（意为"自由战士"）也加入了破坏活动，并采取了暗杀、爆炸等更激进的恐怖手段。双方互有伤亡，巴勒斯坦局势渐渐失控。

恐怖活动的高潮是 1946 年 7 月 22 日发生的大卫王酒店爆炸事件，大卫王酒店是英国巴勒斯坦委任统治当局的中央办公室所在地，里面有当局秘书处，英国驻巴勒斯坦和外约旦武装部队总部。伊尔贡成员伪装成阿拉伯工人和酒店服务员，在酒店主楼的地下室安放了一枚炸弹，并在发出警告后不久引爆，爆炸导致酒店南翼西半部坍塌，造成 91 名不同国籍的人死亡，46 人受伤，死者中有 28 名英国人。虽然事件遭到了各方谴责，但英国对巴勒斯坦局势显然已经无能为力。

1946 年 12 月，焦头烂额的英国政府只得将巴勒斯坦问题提交联合国，1947 年 11 月 29 日，联合国投票决定在巴勒斯坦实行犹太人和巴勒斯坦人分治，1948 年 5 月，英国撤出巴勒斯坦地区，标志委任统治正式结束。

最后一批英军撤出巴勒斯坦时降下英国国旗

一 发展历程

正在接受武器使用培训的"哈加纳"男女新兵

自联合国分治决议通过的1947年底开始，伊休夫就预见了极有可能爆发的战争，开始为建立正规军队做积极准备工作，包括征兵，到1948年年中，已经有约50 000名年龄在17岁至35岁之间的男女青年被征召入哈加纳。正当以色列建国计划紧锣密鼓地进行时，拒绝接受分治计划的巴勒斯坦阿拉伯居民在周边阿拉伯国家的支持不断发动暴乱，几乎所有犹太人定居点都遭到袭击，与此同时，哈加纳和伊尔贡、莱希也以牙还牙地袭击了阿拉伯人城镇。随着英军撤出巴勒斯坦，失去节制的阿犹民间冲突愈演愈烈，由于哈加纳等组织无论在武器装备、训练水平还是通信指挥上都比阿拉伯人优良得多，他们很快占据了上风，1948年5月中旬，犹太军队已经占据了根据联合国分治计划分配给以色列国的总面积的大约三分之一土地，巴勒斯坦人的军事力量受到打击。

1948年5月14日，以色列宣布建国，由本-古里安出任总理兼国防部长，第二天，黎巴嫩、叙利亚、约旦、伊拉克和埃及等阿拉伯

本-古里安宣布以色列建国

邻国组成的联军就开始进攻以色列,第一次中东战争暨以色列独立战争正式爆发。战争初期阿拉伯联军人多势众且先发制人,因此战场上占压倒性优势,此时哈加纳等组织已经和巴勒斯坦人战斗了很长一段时间,无暇整编,因此建国当日没有同时宣布建军,以色列实际上在用民兵抵抗阿拉伯正规军,直到5月31日本-古里安正式宣布:在哈加纳的基础上成立以色列国防军。

建军与发展

独立战争开始时,以色列国防军在武器装备上明显处于劣势,枪支老旧、弹药缺乏,而且不像阿拉伯联军那样拥有火炮、坦克等重武器,而所谓的空军和海军实际上是由原属帕尔马赫的战斗小组改编而成,只有一些英军淘汰的或国外报废的破旧舰只和轻型飞机,相比之下,阿拉伯联军的装备精良得多,因此在战争前期入侵以色列时势如破竹。

不过由于阿拉伯国家各有打算，联军缺乏统一指挥和协调，战斗很快陷入僵持。在联合国的调停下，双方两次停火。以色列充分利用停火机会整军备战：一方面迅速补充兵员，到1948年底，国防军已有将近200 000人登记服役，而阿拉伯联军只有68 000人；另一方面，以色列还抓紧生产和购买武器装备，尤其是在苏联默许和支持下大量补充枪支弹药，还拥有了相当数量的飞机、坦克和大口径火炮。

为了梳理加强指挥体系，有一支统一的军队，并确保以色列国防军成为一支毫无保留地服从于单一文职政府的职业化军队，由本－古里安组建的国防军在两次停火期间用强制手段收编了伊尔贡和莱希。莱希的规模很小，收编并不费力，但伊尔贡人数众多且训练有素，在收编时和国防军起了不少冲突，其中最著名的就是"阿尔塔莱纳"号事件：1948年6月22日，以色列国防军在特拉维夫海滩上击毁了隶属伊尔贡的"阿尔塔莱纳"号运输舰。当时这艘船上载着拒不服从收编的伊尔贡首领梅纳赫姆·贝京等人，他们落水潜逃，从此只能转入

被击毁的"阿尔塔莱纳"号运输舰

地下活动，剩余伊尔贡成员被尽数收编。此外，国防军还解散并改编了自成一体的帕尔马赫。从此，以色列只有一支服从政府统一指挥的国家军队，确保军队的性质是忠于国家和保卫人民的武装。

与此同时，本就貌合神离的阿拉伯联军由于战事一再受挫，内部矛盾开始激化，战斗力大减，10月，停火协议规定的时间到期，以色列全面反击，阿拉伯联军开始溃败。到1949年7月，联军中的阿拉伯各国军队要么被迫撤出了巴勒斯坦，要么和以色列签订了停战协定，战争以阿拉伯国家失败、以色列获胜告终，除加沙和约旦河西岸部分地区外，以色列控制了巴勒斯坦地区约80%的土地，计2万多平方千米，比联合国分治决议规定的面积还多了6 700多平方千米。不过以色列也为此付出了沉重代价，国防军牺牲了近6 000名士兵，占当时以色列人口的1%。战争还彻底引发了阿拉伯国家对以色列的仇恨，尤其是近70万巴勒斯坦人在战争中沦为难民，与此同时，周边的阿拉伯国家驱逐了几乎同等数量一直长期生活在那里的犹太人，成为包括以色列在内的周边国家的沉重负担，这些都为日后的阿以冲突、巴以冲突埋下了祸根。

虽然侥幸获胜，但此时的以色列国防军却乏善可陈：装备简陋、编制混乱、人员缺乏正规训练却又盲目自信，更糟糕的是，环伺在侧的阿拉伯国家们依旧对以色列虎视眈眈，为此，以色列开始总结经验教训，整顿军务。1950年，新任总参谋长伊加尔·亚丁将宏大的战略思想和战略行动原则结合起来，提出了国防军发展的几条原则：一是保障"举国士气"；二是要充分开发犹太社区的军事潜力；三是必须强调统一指挥和严格的从上到下的权力执行；四是在战术上要强调突然性、进攻性、集中性和机动性等。

亚丁认为，以色列在地理和人口方面处于弱势，无力与阿拉伯国家进行消耗战，因此一旦开战必须尽早将战事转移到敌人的领土上，集中力量打击一点，目标不是取得全面胜利，而是粉碎阿拉伯武装并夺取领土作为谈判筹码。由于阿拉伯人拥有丰富的石油资源，国际舆论的倒向很难预测，以色列在开战后必须尽快取得战果，以便在联合国介入时占据上风，此外以色列至少需要一个大国的政治支持。亚丁

梅纳赫姆·贝京（左）与伊加尔·亚丁（右）

还强调在边境地区建立犹太人定居点以阻挠敌人进攻的重要性。

在这之后，以色列建立了从总理到国防部长再到参谋长的顶层指挥系统，不过在实践中这三人之间的确切分工却有些模糊。多位总理（如大卫·本-古里安、列维·埃什科尔、梅纳赫姆·贝京、伊扎克·拉宾、西蒙·佩雷斯、本雅明·内塔尼亚胡等）都兼任过国防部长。以色列国防部是从哈加纳的武器采购机构发展起来的，在建国初期地位不高，甚至差点被总参谋部吞并，直到1958年，国防部才成功地从总参谋部手中夺回国防预算的控制权，不过，国防军的长期规划和发展一直掌握在国防军自己手里。有了合理的战略和统一的组织，就该决定国家将维持什么样的武装部队了，新建立的以色列没有足够的财力和物力来维持一支大型专业常备军，只能采用常备军加预备役的模式，力图藏兵于民，1949年以色列颁布《国民兵役法》，开始实行全民兵役制度，国防部还设立军校开始培养军官。

以色列国防军在战争中的出色表现，使得军队在以色列社会中的地位越来越崇高，作战神勇的军人尤其是指挥官被视为民族英雄，受人民爱戴，日后以色列的政治家多从此出。军队还被视为团结以色列人民、推行本－古里安所倡导的"国家主义"的最理想单位，同时，以色列试图通过国防军塑造一种英勇善战的新犹太人形象来回击反犹主义宣传中犹太人那种弱不禁风、诡计多端的刻板印象，军事文化开始在日常生活中流行，口香糖纸、火柴盒盖、香烟盒乃至新年贺卡上都经常印有以色列国防军战士、战车、战机和战舰的照片。

尽管1949年的停战协定结束了以色列与阿拉伯国家的大规模战争，但与巴勒斯坦人的小规模战斗仍在继续。然而，大多数新确立的以色列边界并没有任何地理屏障，甚至没有地面标志，这造成了被以色列称为"渗透"的阿拉伯人越境现象，渗透者越境的原因多种多样，有些人只是走亲访友，有的是去取回逃难时留下的财产，有的则是想重返家园，还有一些人则是为回来报复以色列，他们偷盗、破坏、袭击以色列人，其中有人是为叙利亚、埃及、约旦的情报机构工作的。

为了应对这种渗透活动，以色列组建了边防警察部队，这是一支特殊的武装力量，其成员大多是生活在边境地区的切尔克斯人、德鲁

以色列边防警察

兹人和贝都因人，平时隶属于警察系统，在紧急状况下隶属于以色列国防军。同时，以色列国防军开始发动越境袭击，借以报复和威慑未能阻止渗透者的阿拉伯平民和阿拉伯政府，大多数袭击都是针对被认定为渗透者窝点的阿拉伯村庄的，造成了阿拉伯人的恐惧和愤怒。这样的袭击结果适得其反，反而刺激了他们更进一步采取报复行动。事实证明，以色列国防军的这种激进策略是失败的，并无法保障边界沿线以色列平民的生命和财产，并且，对平民目标的攻击造成了国防军战士的心理负担，导致军中士气低落，阿拉伯邻国也开始蔑视以色列国防军。

因此，从1954年初开始，以色列国防军下令禁止攻击妇女和儿童，将打击重点放在军事目标上，违法者军法处置，确保了军队的人道主义价值观的确立。此后国防军在对约旦军队的一系列作战中取得胜利，并且大幅度降低了平民伤亡，以色列国防军的士气逐渐恢复，与此同时，以色列国防军的注意力随着埃及总统纳赛尔的崛起，从约旦边境转移到了埃及边境。尽管埃及边境从未平静过，但事态此时升级了，埃及武装人员不停越过边境进行破坏活动，以色列也不断反击，敌对行动还蔓延到叙利亚边境，就在此时，以色列得到了埃及与捷克斯洛伐克之间即将进行大笔武器交易的情报，开始积极备战。而纳赛尔提倡的泛阿拉伯主义和苏伊士运河国有化，正引起英国和法国这两个苏伊士运河国投资方殖民列强的强烈不满。

1954年，法国开始以优惠条件向以色列提供现代化武器，并秘密提供核武器相关数据和培训。以色列国防军获得了先进的喷气式战斗机、坦克、机动火炮、半履带运兵车、大型货机和船只、新的通信系统，使以色列国防军成了一支真正意义上的现代化军队。法国还帮助以色列发展军事工业，为其军工复合体奠定了基础，以色列也因此倒向了英、法阵营。

1956年7月，纳赛尔宣布埃及将苏伊士运河收归国有，英、法为夺取苏伊士运河控制权，与以色列秘密接触策划打击方案，最后决定联合以色列对埃及采取行动，由以色列首先向西奈半岛的埃及军队发起进攻，吸引埃军的主力部队支援，英、法军队则提供空军火力支援，

装备法国坦克的以色列装甲部队

再出动地面部队登陆全歼埃及军队。10月29日以色列国防军发起突击,第二次中东战争暨苏伊士运河战争爆发,战争的结果是埃及在以色列和英、法军队两面夹攻下遭受了军事失利,却在苏联和美国两个超级大国的调停下取得了政治上的胜利,不但捍卫了苏伊士运河主权,还成为阿拉伯民族主义的大本营。对以色列来说,这场战争也具有重大的历史意义,以色列国防军在实战中得到了锻炼,以色列实现了解除埃及对蒂朗海峡封锁的目的,以色列首次以几乎对等的地位出现在西方大国的权力地图上,在很大程度上影响了以色列的政治和军事抱负以及其他国家对以色列的看法,也是从此时起,以色列与美国开始在各种军事和政治问题上建立密切关系。这场战争向美国证明了以色列作为在该地区利益的代理人和盟友的价值,使以色列从依靠法国的赞助和资助转而成为美国军事和民事援助的主要接受者。

这场战争还巩固了以色列国防军在以色列的地位,它证实,战争就是实现政治的手段,以色列国防军的进攻原则是最佳选择,这种源自二战德国闪电战理念的先发制人的战争将成为以色列国防军和以色

苏伊士运河边遭到空袭的燃油设施

列领导人的标准策略。1956年后，以色列确立了对美、英、法等西方势力的承诺，也奠定了核武器及其军事工业综合体的基础。对于那些以18岁的征兵身份加入以色列国防军的人来说，现在有了新一代的苏伊士战争英雄可以效仿，因此苏伊士运河战争是以色列军事生命周期中的基础性、决定性事件。

尽管以色列在军事上取得了成功，但苏伊士运河战争并没有从根本上改变以色列与其邻国之间的力量平衡，约旦和埃及的边界平静了许多，但以色列国防军和整个以色列周围的气氛仍然紧张，不过在1957年至1965年间，不断增长的人口使以色列经济以每年近10%的速度增长，超过了除日本以外的其他任何国家。以色列的军事开支也从1957年的1.41亿美元上升到1966年的4.585亿美元，此外还得到了西德免费提供的大量武器。以色列国力正迅速追上阿拉伯邻国们，前者日益现代化和具有前瞻性，而后者仍然主要是传统的农业国。

但是在1966年初，一场严重的经济衰退袭击了以色列，其经济处于自由落体状态，失业率快速上升，人口增长停滞，早期充满活力的犹

20世纪60年代的特拉维夫街头

太复国主义被倦怠、消极、个人主义的享乐主义所取代,除非紧急采取措施,否则以色列将失去整整一代年轻人,他们不相信自己有未来。以色列国防军再次被寄予厚望,在对政治阶层极度不信任的绝望和沮丧的气氛中,以色列国防军可谓出淤泥而不染,保持了其作为犹太人和以色列保护者的相对清白的形象,以色列人觉得他们不能信任政治家、商人、银行、雇主或工会,但以色列国防军是正义的、超然的,是唯一为犹太社会所有阶层提供共同目标和行动舞台的机构;因为在以色列人的生活中,唯一真正共享的空间是在以色列国防军服役,只有极端正统派犹太人和巴勒斯坦阿拉伯人被排除在外。因此,如果经济不能得到修复,如果沮丧不能消除,以色列的社会凝聚力可以通过一直有效的旧方法得到恢复:由以色列国防军来寻找"敌人"发动进攻。

恰在此时，围绕约旦河水资源、非军事区农业用地、法塔赫武装袭击所产生的一系列摩擦使以色列与阿拉伯邻国的矛盾日益激化，以色列的安全形势日趋严峻：埃及在西奈半岛至少集结了10万兵力和900辆坦克，在北部，叙利亚有7.5万兵力和400辆坦克，约旦有3.2万兵力和300辆坦克，总共算下来，以色列要面对20.7万敌军和1600辆坦克，而以色列方面，如果动员全部预备役部队，国防军勉强能达到26.4万人，但只有800辆坦克，飞机数量更不容乐观，阿拉伯国家共有700架飞机，以色列只有300架。

从以上对比看，以色列处于绝对劣势，但并非毫无准备，其实早在1963年6月，以色列就开始策划攻占约旦河西岸，一旦阿拉伯人出动，以色列并不介意冒些风险实现计划，但埃及总统纳赛尔等阿拉伯领导人受账面实力影响对局势的判断有误，不断发表战争言论，进行战争布置。最后，埃及于1967年5月封闭了以色列的重要出海口蒂朗海峡，以色列视其为战争行为，找到了开战借口，以色列领导人策划了一场被日后军事家概括为"先发制人战略"的突然袭击。6月

"六日战争"前夕以色列集结在内盖夫沙漠中的一支坦克编队

5 日，以色列出动了全部空军，对埃及、叙利亚和约旦等阿拉伯国家发动了大规模的突然袭击，第三次中东战争爆发。

实力雄厚的埃及空军是以色列空军的打击重点。在被称为"焦点行动"的空袭中，以色列摧毁了三百多架埃及战机，埃及三分之一的飞行员甚至没有来得及升空，13 个基地无法正常使用，23 个雷达站和防空设施被摧毁，此次行动过后埃及空军基本上已无力反击，而以色列只损失了 17 架飞机，牺牲了 5 名飞行员。其他阿拉伯国家的空军本来就无足轻重，在以色列空袭后更是损失殆尽，此后几天里，战场上空几乎没再出现过阿拉伯战机。

由于猝不及防又失去了制空权，阿拉伯联军迅速失败，以色列仅用了很短时间就获得压倒性胜利，并在这一过程中突破埃及、约旦和叙利亚防线，占领了西奈半岛和戈兰高地，夺取了包括耶路撒冷老城和约旦河西岸在内的耶路撒冷东部，而该地区在 1948 年独立战争之后就一直被约旦占领。仅用了六天，以色列军队就突破敌军的最后防线，并处在随时待命向埃及首都开罗、叙利亚首都大马士革和约旦首

"六日战争"中，在地表遭以色列空袭击毁的埃及战机

都安曼进军的状态,此时阿拉伯联军已近崩溃,于是在美苏斡旋下接受联合国安理会的停火决议,以色列也同意结束战争,于是,这场战争在日后被称作"六日战争"。

但六日战争真正值得注意的并不是以色列对三个阿拉伯国家的军事胜利或对大片地区的占领,以色列之前也取得过类似的胜利;真正重要的是以色列面临的局势发生了根本变化,1967年之前,苏联在中东阿拉伯世界的影响力超过美国,而此战后,以色列成为中东地区反苏势力的生力军,并为美国提供了一个发挥区域影响力的窗口,它与伊朗巴列维王朝紧密合作,越来越依赖美国,美国由此建立起了一个相互支持的附庸国体系,以色列成为美国在中东地区外交政策的一个重要支柱,并延伸到另一个附庸国南非,这三个国家互通有无,相互帮助,例如,以色列曾帮助南非发展核武器;伊朗和以色列协助南非对抗国际反种族隔离的抵制运动;伊朗还帮助以色列对抗阿拉伯国家的抵制。

从1967年开始,美国不但向以色列提供越来越多的军事和政治援助,还成了以色列的保护伞,在联合国动用了数百次否决权,保证

1975年,伊朗高级国防官员在以色列国防军总部与以色列同行会谈

以色列不受任何国际制裁，正是这种力量反过来使以色列在军事和财政上变得强大。支持以色列还有另一个好处：来自苏联的犹太人，其中许多人曾在苏联科学和军事工业中担任要职，他们到达以色列后为美国提供了大量苏联军工情报。以色列国防军还使用美制武器在战场上对抗阿拉伯国家使用的苏制武器，等于进行了实战测试，以色列国防军成为美国最大的武器实验室。这些都使得美国愿意全力支持以色列。

六日战争对中东地区的国家以及他们在国际社会中的形象产生了巨大影响，以色列在军事上的雄起使世界印象深刻。同时许多阿拉伯人万万没想到犹太人能打败他们，因此大受震惊。这场战争所带来的情感反应塑造了双方日后的行为。

不过六日战争的胜利也给以色列带来了难题，当时以色列仅有238万犹太人，但一下子增加了新占土地上140多万巴勒斯坦人，加上以色列原有的近40万非犹太人（大部分是巴勒斯坦人），以色列犹太人口的比例一下子降到了70%左右，严重背离了犹太复国主义将以色列建成一个犹太人国家的初衷。从此开始，以色列陷入了一个长久困境：既想保住已占领的土地，又不想保留上面的巴勒斯坦人。

挫折与转型

六日战争后以色列国防军的威望达到了顶峰，随着部队扩大，以色列国防军越来越多的部署到戈兰高地、约旦河西岸、加沙和西奈半岛等新占领土上，在其他地方则斥巨资修建起新的总部、训练基地、补给站、防御工事和电子监听站，以色列国防军开始转型，从一支几乎完全以进攻为导向的军队转变为一支开始考虑防御和坚守的军队。在新战线上，停火并不彻底，叙利亚、约旦方面零星冲突不断，尤其是巴勒斯坦解放组织在占领区的袭击越来越活跃，而埃及则在西奈半岛打起了"消耗战"，周期性地向以色列发起袭击然后向以色列和美国表达和平谈判的意向，以色列国防军疲于应付，但表面上仍占了上风，这也造成了国防军盲目自信的情绪。

而这实际上是埃及等国基于对以色列国防军的复杂、长期和多层次的分析，在苏联支持下布置的陷阱：如果以色列接受和平，就要退出西奈半岛；如果以色列和美国无动于衷，就会越来越相信埃及的威胁是空洞的，从而开始麻痹大意。这一策略奏效了，以色列对埃及厉兵秣马的备战活动虽有所警觉，但仍产生了一定程度的误读，没有做好充分准备。

1973年10月6日是犹太历上的赎罪日，犹太人一年当中最庄严肃穆的日子，绝大多数以色列犹太人都会在这一天到犹太教堂参加祈祷仪式，整个国家都停摆，没有人工作，商店歇业，路上没有车辆行驶，全国一片宁静。下午两点，急促的以色列防空警报声突然打破了全国的宁静，电台紧急播报：一场新的战争爆发了，埃及军队强行渡过了苏伊士运河，已经到达运河东岸，下午五点，以色列民众得知"叙利亚飞机正在加利利上空同以色列战机展开激烈的空战"，战争爆发1分钟之内，2 000名埃及士兵向以方发射了1万枚炮弹，密集的炮火持续了53分钟；战争爆发后15分钟内，240架埃及战斗机飞越运河，为地面部队提供掩护，运河东岸以色列构筑起来的巴列夫防线上的守军只有436人，其中很多是没有任何战争经验的新移民，不过，为了防止恐慌，国家总理没有告诉民众：1 400辆叙利亚坦克正从戈兰高地冲向加利利地区，而此时以色列只有57辆坦克在抵抗由叙利亚600辆坦克组成的先头部队，被称为"赎罪日战争"的第四次中东战争爆发。

以色列除了面对30万叙利亚军队和85万埃及军队发动的突然袭击外，还同1948年和1967年的情形一样，面临其他阿拉伯国家军队的入侵，伊拉克再次参战，派出了1.4万名士兵，北部的黎巴嫩每天向以色列开火炮击，以色列国防军和对手的军力对比达到1∶6。刚刚诞生25年的以色列第三次面临生死战。在战争第一阶段，以色列处处被动，形势非常危急，战争的第一周，以色列就损失了一半的坦克和几乎一半的喷气式战斗机，象征以色列坚不可摧的巴列夫防线也被冲破。与此同时，苏联和美国也开始紧急行动，成千上万吨军火和物资以及人员分别从这两个超级大国的基地空运到他们各自在幕后支持的阵营，以保证双方供应充足。

虽然遭到了埃及和叙利亚联合先发制人的打击，但以色列国防军的阵脚却没乱，国防军总参谋部明白，要想避免亡国灾难出现，以色列必须主动改变战争的走向和打法。根据对时局的仔细分析和沙盘演练，以色列国防军高层制定了"先北后南"的策略：首先集中力量扭转北部相对薄弱的叙利亚军队的攻势，南部军队则暂时尽力维持守势，进行周旋和拖延。这一策略很快奏效，两天后（10月10日），以军将叙利亚军队赶出了四天前被突破的边境线，10月11日，以色列的军队已经推进到大马士革附近，其炮兵火力已经可以覆盖大马士革郊区，随后，以色列空军轰炸了位于大马士革的叙利亚国防部大楼。随着北方的战局完全在以色列的控制之中，以色列开始着手南部的行动，10月15日，在沙龙将军指挥下，以色列军队强行渡过苏伊士运河，把战争引向埃及在非洲的本土，这场战斗异常惨烈（仅在这一战中以色列就阵亡了300人，是以色列在六日战争中死亡人数的一半），但第一支以色列部队还是成功地渡过了运河，接下来一周内，国防军主力部队也通过运河，占领了运河西岸地区，这是以色列军队第一次在

"赎罪日战争"中一位正在阵地上祈祷的以色列士兵

非洲大陆作战，不久，苏联向美国发出最后通牒，敦促美国迫使以色列进行谈判，此时美国正陷入水门事件和越南战争后期谈判中，无暇他顾，于是同意由联合国发布停火令，双方于10月26日停火。

战争的结果是阿拉伯联军由胜转败，阿拉伯国家一共损失432架飞机，以色列损失102架。在人员伤亡方面，阿拉伯国家共有8 258名士兵死亡，19 540人受伤，以色列在这次战争中总共有2 656人死亡，7 250人受伤，这一数据虽然低于阿拉伯人的伤亡数字，却是第三次中东战争死伤人数的三倍多。这场战争对阿以双方的心理影响是微妙的：一方面，以色列的阿拉伯邻国们在和以色列的交手中已经屡战屡败，无论先发打击还是后手防守反击都捡不到便宜，迫使他们冷静下来正视自己的实力。另一方面，赎罪日战争前期对以色列的胜利攻势也使阿拉伯人重拾了一点信心，也发现以色列国防军并非无懈可击。

而从以色列方面看，虽然这场战争由于后期的补救，并不算失败，但更难称之为成功。以色列国防军未能预测这次袭击，因此伤亡惨重，更严重的失败是政治层面的，以色列不惜一切代价控制新占领土的决心被粉碎，公众非常愤怒，对领导层进行了严重抨击，要把他们赶下台，但领导人拒绝承担责任，这进一步加剧了公众的愤怒，于是，军队高层成了政治阶层的替罪羊，一些以色列国防军高级军官被解职，最终，政治领导层也未能幸免，以色列第一代领导人集体退出了政治舞台，右翼利库德集团在1977年上台。

所以赎罪日战争可以说是一场没有赢家的战争，没有一方通过战争获得领土或心理等方面的优势。然而，正是这场没有赢家的战争使得日后以色列与埃及均不得不重新思考彼此之间的关系，摒弃战争思维，有了向对方伸出和平之手的意愿，最终一同踏上和谈之路，双方于1973年至1975年签署了一系列协议，并于1977年最终达成和平协议，以色列将西奈半岛归还给埃及，两国不再兵戎相见，"土地换和平"的政策得到了最彻底的贯彻和实施。

赎罪日战争结束后，公众对国防军的信任以及它的自我形象受到了重创，曾经被奉若神明的国防军指挥官们受到质疑，社会地位急剧下降，以前，任何对以色列国防军的批评都会引来抗议，但如今，批评国防军成了以色列国内的时髦。而雪上加霜的是经济困难，战争本身耗费了以色列相当于一整年的国民生产总值，能源危机又随之而来，油价翻番，财政赤字倍增，在1973年后的十九年间，以色列通货膨胀率从未低于37%，1985年甚至超过了400%。

如果没有美国的经济援助，以色列可能无法度过这场危机，1967年以前，美国对以色列的援助主要是民用项目，限制在每年不超过5 000万美元。从1968年到1973年，援助金额翻了五倍，年平均达到2.5亿美元，1973年至1974年，金额增加到每年22亿美元，后来又增加到30亿美元，在这30亿美元中，有18亿美元是直接的军事援助，不过这笔钱只能用来在美国购买武器。

以色列国防开支大幅增长，从1972年的12.47亿美元增加到1981年的73.4亿美元，但美国的援助只占以色列军事支出的一半以下，其余部分是通过削减民用资金以及增加税率来完成的，以色列国防支出占国内生产总值（GDP）的份额从1957—1966年的年平均8.7%，飙升到1968—1972年的21.3%，再到1974—1981年的26.3%。国防军总人数（含预备役）从1973年的30多万人增加到1977年的40万人，再增加到1982年的54万人，这期间以色列军事工业取得了巨大进步，自主研制出了"侦察兵"无人机、"梅卡瓦"坦克等现代化武器装备，但这些现代武器系统和其他技术的引入，导致了后勤和维修重要性提高、专业化程度提高、人员数量和流动性增加、默契度降低，国防军队伍变得越来越臃肿。

1973年遭受的严重冲击给整个社会秩序留下了深刻的印记，促使以色列对阿拉伯人，特别是巴勒斯坦人采取更加严厉的态度，这次失败严重损害了以色列的自我形象，但没有损害它以军事手段推进政治议程的倾向，并且愈演愈烈。

1948年阿以战争后，以色列和黎巴嫩的边界一直相对平静，从1960年代末开始，流离失所的巴勒斯坦人，包括隶属于巴勒斯坦解放组织的武装分子，开始在南黎巴嫩定居，逐渐形成了一个自治据点，1970年代中期开始，黎巴嫩国内各派别与这些巴勒斯坦人之间的紧张关系爆发，导致了黎巴嫩内战，与此同时，巴解组织对以色列的袭击也越来越多，以色列政府决定采取行动铲除黎巴嫩境内的巴解组织据点，并在1978年短暂入侵了黎巴嫩，但收效甚微。

1982年，以色列国防军发动"加利利和平行动"，全面入侵黎巴嫩领土，巴解组织被迫撤出黎巴嫩，在这次行动结束时，以色列在南黎巴嫩建立了安全区，保障了以色列平民安全，但巴勒斯坦和黎巴嫩平民付出了巨大的代价。尽管以色列赶走了巴解组织，并在1985年开始部分撤出黎巴嫩，但以色列的入侵激化了与黎巴嫩当地民兵的冲突，并导致黎巴嫩当地几个什叶派组织整合成了真主党来对抗以色列，真主党在叙利亚和伊朗（此时伊朗在1979年伊斯兰革命后已经推翻了巴列维王朝，从亲美转为反美）的支持下，成为南黎巴嫩游击活动的领导和主力。随着真主党获得更多先进武器以及战术上的进步，以色列国防军的伤亡越来越大，以色列在南黎巴嫩既没有明确目标，也没有长期战略，占领的土地成了鸡肋。真主党还用火箭弹袭击以色列北部地区，威胁到了以色列境内安全，以色列公众开始质疑对南黎巴嫩的占领，直到2000年，以色列单方面从黎巴嫩南部撤军，真主党随即便接管了黎巴嫩南部地区。

以色列国防军从南黎巴嫩的挫折中吸取了一些教训，国防军以前从未在平民区进行过如此大规模的行动，但此次造成了大量平民伤亡和城市破坏，虽然以色列声称是在自卫，却仍饱受谴责，于是国防军开始致力于打造"小而智慧化的军队"，使用新技术来取代大型部队，大力开发间谍卫星、无人机和软件解决方案，力求使打击更为精准，以应对21世纪的挑战。即使在20世纪80年代中期发生经济危机之后以色列军事研究和发展预算几乎削减了一半，但美国的持续援助和蓬勃发展的本国国防工业仍然带给了以色列许多新武器系统。

不过，当1991年海湾战争爆发时，以色列面临的安全形势仍然超出了以色列国防军的能力范围。最后，以色列虽然倚仗美国"爱国者"导弹经受住了伊拉克"飞毛腿"导弹袭击的考验，未遭受重大损失，但从那时起，可供各阿拉伯国家使用的地对地导弹数量和复杂程度增加了，以色列再也不能像以前那样对一个或多个邻国发动战争而不用

以色列国防军装备的"爱国者"导弹系统

担心后方遭受大规模毁灭性武器的打击了,为此,以色列国防军专门设立了"后方前线指挥部",负责让后方平民为冲突或灾难做好准备,在危机期间协助民众,并在危机后开展重建工作。

  以色列后方的威胁不仅来自外部,国内的巴勒斯坦人由于受到不公正对待,一直躁动不安。从1987年到2000年,以色列爆发了两次巴勒斯坦人大起义,而在实行有限自治的巴勒斯坦地区活动的激进组织不但对反以情绪推波助澜,还不断在以色列境内发动袭击和破坏行动。2006年6月,在巴勒斯坦大选中获胜的极端组织哈马斯袭击以军,遭到以军回击,为支持哈马斯,黎巴嫩真主党用火箭弹袭击了以色列北部边境城镇和军事基地,并入侵以色列边境,以色列派出空军回击,空袭摧毁了黎巴嫩南部的桥梁和平民建筑,之后双方一直交战到8月才在联合国干涉下停火。这是以色列最后一次遭受国外势力武装入侵

2006年正在前线与黎巴嫩交战的以色列国防军士兵

并遭受巨大损失，自此以后，随着周围阿拉伯邻国的偃旗息鼓，以色列的安全焦点逐渐从阿以冲突转向了与巴勒斯坦之间延续至今的长期低强度冲突。

在以色列后方以及约旦河西岸、加沙地带的反恐行动和城市作战成为以色列国防军的主要任务，而如何在行动中尽量减少平民伤亡成了国防军需要攻克的难题。以色列成功地将国防军转变为一支技术力量，利用先进科技来达成这一目的，国防军的组成渐渐发生了改变，科学家、技术专家和学者成了国防军的核心力量，同时还尝试将某些部门转变为商业公司，将部分业务如建设检查站、军事监狱、营地和隔离墙等外包给私营企业集团，从而腾出更多的人员来执行安全任务。

以色列国防军中的另一个变化，是老一辈出身集体农场或左翼政党的军官团逐渐淡出，而出身宗教政党、右翼团体的新军事精英群体，开始成为以色列国防军各级职业军官的中流砥柱。这种新精英的崛起先从以色列国防军开始，又扩展到科学、技术和金融领域，意味着私有化和市场经济扩散后,以色列左翼失去了对军事、政治及经济等各项议程的控制,以色列国防军开始转变为犹太民族的宗教意识形态及其实践的前沿和基地,但其重要地位丝毫未变。现在的以色列国防军已成为国家的经济支柱,以色列的大部分出口都直接或间接与军事有关,以色列国防军及其附属机构既是以色列最大的雇主,也是以色列最富有的组织,更是新的社会精英的摇篮。

三 组织制度

兵役制度

以色列一直被认为是一个实行全民兵役制的国家，但以色列的兵役制不同于瑞士那种藏军于民的民兵制，因为后者既不能为大规模战争提供足够的训练，也不能为解决以色列复杂而持续的安全问题提供足够兵员。

根据以色列《国防服役法》，原则上所有年满18岁的以色列公民或永久居民（无论男女）都必须加入以色列国防军服役，但这种征兵制度在实际操作中存在不少例外，征兵覆盖率较高的群体是以色列的犹太人、德鲁兹和切尔克斯人，阿拉伯公民不被征召，但可以自愿入伍，最有争议的是犹太教极端正统派的哈瑞迪人，哈瑞迪人生活在封闭的宗教社区里，大部分人一生研读犹太教经典，不事生产，不参与国家社会生活，经济来源几乎完全依靠政府补贴，他们认为研究犹太教经典是唯一事业，而且对于保卫以色列国及其人民至关重要，类似于以色列国防军的编外"祈祷师"，因此他们拒绝服兵役。早在以色列建国时，他们就和以色列国父本-古里安达成了免除兵役的协议，后来又以《塔尔法》的形式得以确认。在本-古里安时代，由于极端正统派人数有限，占比不到2%~3%，因此，免除他们兵役的做法民众能够接受，但进入21世

哈瑞迪犹太人

纪以来,极端正统派人数大增,占比超过了15%,如此规模的人免服兵役引起了以色列公众的持续不满,2012年2月,以色列高等法院裁定《塔尔法》违宪,从此哈瑞迪人不服兵役理论上不再受法律支持,但实际情况并无太大变化。

目前以色列国防军义务兵的服役年限男性为32个月,女性为24个月。新兵要通过一系列的身体和精神测试,国防军会为每个士兵建立一个人事档案,基本训练结束后,会根据此档案决定将入伍者分配到哪里,身体和心理素质最好的入伍者派往一线步兵旅、野战部队、战斗情报单位和工兵部队服役,身心状况次一等的被分配到装甲部队、炮兵、宪兵、边防警察部队,刚刚合格者会被派往支援部队如副官队、后勤部队等,测评不合格者被淘汰,可免除兵役。

义务兵服役期满后会被纳入预备役,预备役在以色列是强制性的,所有男性士兵(有残疾者除外)必须服预备役到40岁,军官为45岁,某些特定职责的预备役人员为49岁,女性在结婚后则免除预备役义务。预备役仍按照军队建制编排,每年都会被国防军定期征召参加复习训练。每个士兵的预备役天数规定为每年 36 天,以色列国防部长有权在必要时再延长 7 天。在紧急情况下(战争、军事行动或自然灾害等)则不受这些限制,预备役士兵会被召唤到紧急武器储藏所接受训练和分发武器装备,然后派往前线提供增援。

从理论上讲,尽管有定期的集训,但预备役人员在精神上和身体上很难像现役军人那样做好准备,此外他们也不能像在军中那样严格执行纪律,因此表面似乎显得不那么正式、不那么军事化。但实际上由于预备役部队几乎没有人事动荡,所以人员配置比较稳定,他们会定期集会,进行装备维护、训练和作战服务,形成极具凝聚力的小群体,建立起共同的世界观和深厚的友谊。因此,以色列国防军的预备役制度实际上才是以色列全民兵役制度的精髓所在。

正在接受第一次训练的以色列国防军新兵

军　衔

以色列国防军的军衔系统比较独特,由于以色列国防军是一支一体化部队,所以海、陆、空所有军种的军衔都是一样的,这种军衔制度是从国防军前身哈加纳的军衔中衍生出来的,所以等级结构扁平,最高军衔只相当于西方国家军队里的中将。

在以色列国防军中,士兵阶段的初阶军衔是根据服役时间获得的,新兵刚入伍时没有军衔,服役 4 至 12 个月,完成基本训练后会被提升为上等兵; 18 至 20 个月后被提升为中士; 24 至 32 个月后被提升为上士,

以色列国防军授衔仪式

由于女兵义务兵役时长只有 2 年,所以一般来不及晋升到上士就要退役了,除非她们志愿延长服役时间。

完成义务兵役后签约继续服役的志愿者经过选拔,会被委任进入基层军事单位的指挥岗位,成为士官,士官要晋升为军官必须提出申请并完成军官课程,担任军官后,女性非战时至少要在岗位上服务 36 个月,男性至少服务 44 个月,有些特殊单位或岗位(如飞行员等)的服务年限会更长。军官晋升要考察个人能力和服务时间,一般从少尉晋升到中尉需要一年时间,从中尉晋升到上尉需要三年时间,对于学历也有一定要求,没有接受过高等教育的军官最多只能晋升到少校。

有不少职业军官会在国防军中服役 30 年以上,但绝大多数没有晋升到中校以上的以色列军官都会在 30 多岁或 40 多岁时退休。之后,他们中很多人会选择从事第二职业,有些人开始从政,把国防军的意识和作风带入政坛;有些人选择从商,开始将军事技术转化为初创企业,因此以色列国防军被誉为以色列创新产业的孵化器。

以色列国防军肩章

层级	军衔	陆军	海军	空军
将官	中将			
将官	少将			
将官	准将			
校官	上校			
校官	中校			
校官	少校			
尉官	上尉			

尉官	中尉			
	少尉			
士官	一级准尉			
	首席军士长			
	高级军士长			
	一级军士长			
	军士长			
士兵	上士			

二 组织制度

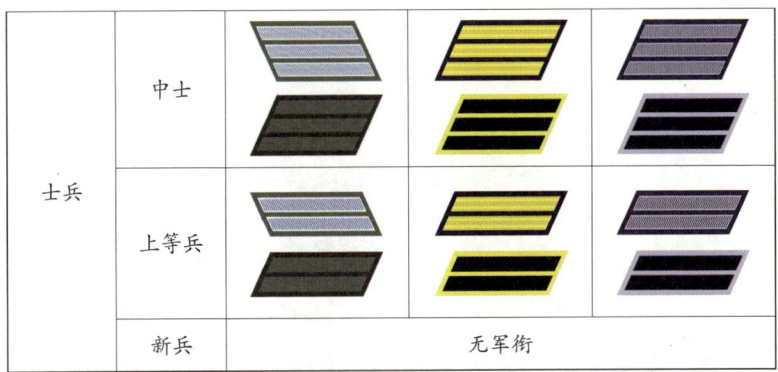

士兵	中士			
	上等兵			
	新兵	无军衔		

国防军中还有一类特殊军衔，专门授予那些因正在接受专业教育和培训（如工程、医学、法律等）而推迟完成军官培训的人员，拥有这些军衔的军官都是专业技术人才，很少担任指挥职务，在最终完成军官培训后，这些人员的特殊军衔会马上被转正。

层级	军衔	陆军	海军	空军
专业技术军官	预备役上尉			
	预备役中尉			

组织机构

以色列国防军的最高指挥机构是总参谋部，总部设在特拉维夫。

总参谋长直接向国防部长负责，间接受命于以色列总理和内阁，总参谋长由内阁根据国防部长的推荐正式任命，任期3年，但政府可以投票将其任期延长至4年或5年。总参谋长是以色列国防军中唯一拥有中将军衔的最高长官，总参谋部下属的职能部门主要有：

以色列国防军总参谋部大楼

1. 作战局

作战局是总参谋部的核心单位,负责战略战术规划、军队建设和军事运作。有权向各军种和其他部门发出关于行使武力的指示,此外还要协调国防军与其他安全部队的工作,并代表以色列国防军向政府提供参考意见、向媒体公布相关信息。

2. 军事情报局

以色列国防军总参谋部徽标

军事情报局,通常缩写为 Aman,是以色列国防军的中央军事情报机构,该机构的前身是哈加纳情报局。军事情报局与直接受命于以色列总理的以色列国家情报局(摩萨德)和以色列安全局(辛贝特)并称以色列三大情报机构,虽然军事情报局在级别和知名度上不如另外两大机构,但规模却比它们都大。

军事情报局的主要职责包括收集军事情报、为安全政策和军事规划进行情报评估、向以色列国防军和政府机构传播情报、战地安全培训和维护、媒体审查、地图测绘、研究情报理论等。该局下辖情报收集部队、秘密技术部队、"野小子"特种部队等,此外各军种中的情报单位也受其交叉指挥。

以色列国防军军事情报局徽标

3. 人力局

人力局也称为人事局,负责协调和组织国防军中的人力资源控制及安置。下辖宪兵队、副官队、青年教育部队等机构。

4. 纵深指挥部

纵深指挥部负责协调以色列国防军的远程作战和深入敌方领土的作战。

5. 技术和后勤局

技术和后勤局负责国防军后勤事务,如建设军事基地、维护医疗基础设施、部队物资供应等,其下辖的后勤部队的许多单位和大部分权力都已移交给地面部队,因此技术和后勤局主要对后勤部队起监督作用,在紧急情况下,技术和后勤局还负责指挥大多数非战斗部队如宪兵队等。

6. 计算机和信息技术局

计算机和信息技术局负责国防军的通信、无线传输、信息化指挥和控制以及网络防御。

7. 以色列国防部－国防研究与发展局

以色列国防部－国防研究与发展局是国防部和总参谋部联合管理的机构，负责在国防部、以色列国防军、航天局等政府部门和生物研究所、以色列军事工业集团、以色列航空工业集团、拉斐尔高级防御系统有限公司等军工科研单位和企业之间进行协调。

除上述机构外，总参谋部还下辖军事法庭、军事院校等机构，此外，国防部负责向各军种和战区司令部发号施令。

军　种

1. 陆军

以色列陆军是国防军中人数最多也最有影响力的军种，到目前为止，以色列历任总参谋长全部都是陆军出身。陆军分为步兵部队、装甲部队、炮兵部队、工兵部队和战斗情报收集部队，其中步兵部队有6个主力旅（含1个伞兵旅）、13个二线旅（含1个伞兵旅）、3个独立营和1个军犬小队，现役总人数约13万人。

以色列国防军陆军旗帜

以色列国防军步兵旗帜

装甲部队下辖4个主力旅和9个二线旅，主要任务是在战时作为进攻前锋，突破敌军防线，摧毁地方坦克和装甲车辆，或在防御战中阻挡敌人的装甲部队。在和平时期，装甲车辆作为移动掩体和心理震慑被用来支援步兵。

炮兵部队主要负责中远程火力打击，下辖4个主力团和4个二线团。

以色列国防军装甲兵旗帜

以色列国防军炮兵旗帜

工兵部队负责军事工程建设、破障、排爆、反大规模杀伤性武器和特殊工程任务，除了下属的战斗工程兵团外，每个步兵旅都有一个受过基本工程和爆炸物处理技能训练的工程连，工兵部队的工兵和重型设备操作人员常被派驻其他部队，协助他们破障和排爆。

战斗情报收集部队的前身是隶属于以色列军事情报局的战地情报团，2008年更名后脱离军事情报局划入陆军编制，其情报网络覆盖陆军各营级单位并一直在扩张之中。

以色列国防军工兵旗帜

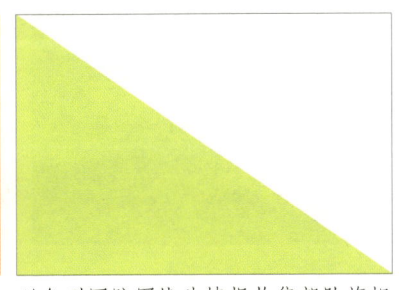
以色列国防军战斗情报收集部队旗帜

2. 空军

以色列空军成立于1948年5月28日，前身是帕尔马赫的空中战斗小队，最初是利用征用或捐赠的民用飞机以及老旧的二战时期战机

以色列空军旗帜

建立的。此后以色列一直非常重视空军发展,从1956年苏伊士运河战争开始,以色列空军在几乎每次战争中都被用作先发打击的利器。目前以色列空军的主力战机是美国的F-15系列、F-16系列和F-35,还在设法向美国求购最先进的F-22战机。

目前以色列空军约有13处空军基地(其中1处为航天发射场),30个飞行中队,此外还设有防空部队、战场和敌后战术搜救部队、航空学校等单位,现役总人数约4万人。

3.海军

以色列空军飞行学校女飞行员

以色列海军的前身是帕尔马赫的水上作战部队,总部设在特拉维夫,主要作战范围是地中海战区以及亚喀巴湾和红海战区,共有6处海军基地和1个造船厂。

以色列海军现役总人数约9 000人,下辖3支舰队,其中第3舰队主要为导弹艇、护卫舰和反潜舰艇;第7舰队为潜艇舰队;第13

以色列海军旗帜

舰队是一支精锐的海军突击队,专门从事渗透、反恐、情报收集、人质救援等特殊任务,此外还有3支海岸巡逻中队、1支水下打捞和工程部队、1支港口安全部队和1支情报部队。目前海军主力舰艇是采购自德国的6艘"海豚"级潜艇和2艘"萨尔6型"护卫舰以及3艘与美国联合设计建造的"萨尔5型"护卫舰。

"海豚"级潜艇

"萨尔6型"护卫舰

"萨尔5型"护卫舰编队

四大战区

海湾战争后，以色列国防军确立了四大战区的指挥体系。战区与军种之间的关系比较复杂，和陆军关系尤其密切，以色列陆军总部对下属部队只有行政管理权，没有战时指挥权，对陆军部队作战指挥的权利根据部队驻地分属四大战区司令部。由于陆军的强势，各战区司令基本都来自陆军，空军和海军部队则受各自军种司令部直接指挥，只有在支援陆军作战时才暂时受战区司令部指挥。

1. 中央战区司令部

中央战区司令部控制着以色列中部，负责保卫中部沿海地区以及朱

中央战区司令部徽标

迪亚和撒玛利亚地区，下辖15个旅和2个独立营。由于耶路撒冷等宗教圣地密集分布在中央战区，因此这里是国内宗教冲突和来自巴勒斯坦极端组织的恐怖袭击的高发地区。中央战区司令部的主要任务是防范巴勒斯坦极端组织，挫败一切形式的恐怖袭击，致力于根除该地区的恐怖主义。

2. 北方战区司令部

北方战区司令部管辖范围是以色列北部东起戈兰高地西至内塔尼亚的区域，与黎巴嫩和叙利亚交界的加利利地区和戈兰高地是其防守重点，黎巴嫩边境主要受到来自真主党的威胁，真主党经常会发起火箭弹袭击并伺机绑架以色列士兵，叙利亚边境由于叙利亚政权本身的不稳定性而形势复杂。叙利亚和黎巴嫩的敌对势力在武器、资金、培训和后勤支持方面都得到了伊朗政权的大力支持，因此北方战区司令部的任务复杂性和压力一直在增长。

北方战区司令部徽标

北方战区司令部下辖2个装甲师和2个步兵师，总共约18个旅的兵力，外加若干炮兵团和独立营等。

3. 南方战区司令部

南方战区司令部的目标是保卫以色列的南部边界，包括东部与约旦接壤的约250公里，西部与埃及接壤的约215公里，以及加沙边境约65公里。南方战区司令部负责区域包括阿拉瓦、内盖夫和埃拉特地区，是面积最大的战区。

南方战区司令部下设2个装甲师

南方战区司令部徽标

和2个步兵师,外加若干独立营。由于多年来埃及和约旦边境相对平静,加沙地带成为以色列的防御重点,以色列在加沙周围设立了封锁墙,为了确保货物和人员的正常流动,并投入大量资金修建了几处过境点,但哈马斯掌握加沙控制权后,过境点经常遭到火箭弹、迫击炮弹、自杀式爆炸和枪击等恐怖袭击,此外,哈马斯还会从加沙地带向以色列境内发动火箭袭击,拦截此类火箭也成为南方战区司令部的要务。

4. 后方前线司令部

后方前线司令部是最晚成立的一个与战区司令部平级的指挥机构,成立于海湾战争之后。后方前线司令部实际上是一个民防和应急管理部门,发生自然灾害、恐怖袭击或战争的时候负责保护和拯救人们的生命财产,在平时,后方前线司令部会开展各种培训和演练,指导平民如何应对以色列面临的威胁。

后方前线司令部徽标

虽然同列为战区司令部之一,但后方前线司令部并没有划分具体战区,而是负责以色列除边境线以外的全部后方地区,并划分为6个区:北区、海法区、耶路撒冷区、中区、丹区和南区。后方前线司令部与各地的地方当局保持着紧密联系,在地方政府中一般都设有办事机构。

三 特种部队

　　以色列特种部队的启动和部署历史悠久，甚至可以追溯到1948年以色列国防军成立之前。其发展大致经历了三个阶段：以色列建国前建立特别作战单位；1948—1974年成立特种部队；1974年后大力

"帕尔马赫"装甲车小队

发展反恐和营救人质能力。

在1920—1945年期间，巴勒斯坦处于英国委任统治之下，犹太人和阿拉伯人平民经常发生暴力冲突，通常是因为领土争端，英国人大多站在阿拉伯人一边，允许阿拉伯人携带武器，但不允许犹太人组织武装和携带武器来保护自己，结果在1920年，犹太人建立了哈加纳等地下抵抗运动，主要目的是保护犹太同胞免受阿拉伯恐怖袭击，并向英国人施加压力。1941年，哈加纳成立了精锐部队帕尔马赫，帕尔马赫中有一些秘密的特别作战单位被称为"阿拉伯排"，这些特种小队常装扮成阿拉伯人来执行任务，成为后来以色列陆军特种部队的雏形。

虽然哈加纳的大部分行动是陆上作战，但随着局势发展哈加纳意识到需要一个专门的海上作战单位。于是，1943年帕尔马赫成立了海上作战单位"帕勒姆"，负责水下破坏和海上活动。它的大部分活动是护送载有非法移民的船只，以及从水路运送武器装备。1948年以色列国防军成立后，许多帕勒姆成员加入了以色列海军，并组成了其核心人员和司令部，同时在帕勒姆的基础上组建了第13舰队，也就是以色列国防军的海军特种部队。

哈加纳的空中作战单位是帕拉维尔。1943年，帕拉维尔派了3名士兵到犹太人机构经营的飞行学校——阿维隆飞行学校接受训练。后来，帕拉维尔又得到了一些老旧战斗机，由于英国宣布所有犹太人武装为非法，哈加纳包括帕尔马赫都只能进行地下活动，帕拉维尔把自己伪装成一个航空俱乐部以开展训练，1947年，帕拉维尔和航空俱乐部被重组为哈加纳的空勤团，成为后来以色列空军的前身。

"帕勒姆"士兵

以色列海军第13舰队士兵

1948年5月,原属哈加纳的戈兰尼部队被改编为以色列国防军的第一个步兵旅——戈兰尼步兵旅。在戈兰尼旅中组建了一个特种侦察排,这个排是一个远程侦察巡逻队,充当步兵旅的开路先锋,与戈兰尼旅各营中的其他侦察排不同,特种侦察排负责摧毁敌人的关键据点,并执行敌后破坏和情报收集等更复杂的任务。这个特种侦察排是第一支正式的以色列特种部队,后来它演变成了戈兰尼特种部队,直到今天仍是以色列国防军中最优秀的部队之一。此后以色列国防军所有陆军战斗旅都会组建一支接受过使用先进武器和侦察技术以及肉搏战训练的部队,用于执行侦察和特种作战任务,此外1948年6月,以色列还成立了第一支伞兵部队,其成员中有许多曾在二战时期的英美伞兵部队中服役的犹太老兵,军事素养很高,伞兵部队很快成为专门执行艰巨作战任务的精锐部队。

20世纪50年代初,虽然在第一次中东战争中落败,但恐怖分子和阿拉伯国家的常规军队仍对以色列发动了数千次零星袭击，造成不少平民伤亡，以色列国防军进行了报复，但常规步兵部队根本无法胜任这项任务，因此，1951年以色列国防军组建了一支隶属于南方战区司令部的机密部队——30部队。30部队是为了以小分队为单位执行报复任务而设计的，不过由于种种原因30部队的表现不佳，最后于1952年解散。

1953年8月，以色列国防军再次尝试组建一支专门的新特种部队，这就是大名鼎鼎的101部队。101部队的创建是以色列特种作战史上的一个里程碑，其指挥官就是后来成为以色列总理的阿里尔·沙龙。该部队成员共有约50人，其中大多数是前伞兵部队和第30部队成员，他们装备了特殊武器，专门在敌后执行复杂的任务，并摸索出了一套小单位机动和敌后渗透战术，直到今天仍在国防军中使用。除了战术创新，101部队还有两个独特之处，首先，这是以色列国防军第一次从零开始组建一个全新的特种部队，而不是像戈兰尼旅的特种侦察排那样在前身基础上改编而来，其次，这是第一支直接接受以色列国防军最高指挥机构总参谋部命令的特种部队。

不过101部队只存在了五个月，在约旦恐怖分子对以色列公民进行多次袭击后，该部队成员在一次报复行动中杀害了数十名巴勒斯坦平民，引起了国际社会的震惊和谴责，最后迫于压力，该部队被解散，之后与伞兵部队合并成为一个精英伞兵旅，这个伞兵旅负责以色列的大部分特种作战行动。直到50年代末，以色列国防军注意到伞兵旅的编制过大，已经接近常规步兵旅，不再适合特种作战的指挥调度，国防军需要一支更小型的团级或营级编制的特种部队，因此在1958年组建了"野小子"特种部队，直接向以色列国防军最高司令部负责。而伞兵旅也在成为常规部队后于1958年10月组建了自己的伞兵特种部队。

在20世纪60年代和70年代初，以色列国防军的三个战区司令部在见证了"野小子"部队和伞兵特种部队的成功组建后，也纷纷成立了自己的特种部队，但这些部队的指挥权过于独立，不容易和国防军中的其他特种部队协调，后来甚至和其他特种部队争夺资源和功劳，

1955年,"独眼将军"摩西·达扬(后排左三)与伞兵旅军官在一起

国防军高层意识到了问题所在,果断解散了这些战区特种部队。

在20世纪70年代以前,以色列国防军特种部队的反恐能力非常有限,没有接受过人质营救训练,这些特种部队主要是步兵部队,他们的训练集中在情报收集和野外作战等战场任务上。但是今天,大多数以色列特种部队都拥有先进的反恐和人质营救能力,产生这种变化是由于在20世纪70年代发生了几起重大恐怖袭击事件,以色列和世界其他地区因此领教了野蛮暴力的恐怖主义的兴起,并且从此以后以色列经常成为袭击的目标。最严重的一次袭击是1974年的马阿洛特事件,当时被认为拥有最强作战能力的"野小子"特种部队被选中执行救援任务,但是最后任务失败,造成人质重大伤亡。

在马阿洛特惨败后,以色列政府和国防军总参谋部决定大力发展以色列特种部队的反恐能力,一方面以德国著名的反恐部队第9边防大队为蓝本,组建了一支隶属以色列边防警察部队反恐特种部队"亚马姆",专门开展在友好地区的反恐活动;另一方面各特种部队中成

马阿洛特事件中一位受伤的 16 岁人质

"亚马姆"小队

立了反恐小组，配备最优秀的人员和武器，专门研究反恐场景，同时向国外知名的反恐组织学习取经，如德国第9边防大队、美国的海豹突击队和三角洲特种部队等，并请来这些组织中的外国教官来强化以色列特种部队训练。

由于加强训练和积累了大量实战经验，以色列特种部队部队的反恐能力突飞猛进。1980年，"野小子"和海军的第13舰队全面投入反恐作战，其余部队紧随其后，所有以色列特种部队都接受了同样的训练，使用了同样的战术，这有助于促进联合行动，1985年，洛塔尔反恐学校成立。

在80年代，尽管以色列所有特种部队都具备了出色的反恐能力，但每个单位的责任仍然不明确，每次发生恐怖袭击时，离事发地较近的部队都会立刻赶到，甚至会争着执行任务，有时反而导致最适合上场的部队不能参与任务，为了解决这个问题，1990年以色列制定了名为"天空之军"的反恐规划，明确了各单位的反恐职责，从此以色列特种部队开始各司其职，反恐效率大幅提高。时至今日，以色列已经成为世界上反恐作战最成功的样板国家，昔日的学生成了老师，美国、法国等西方国家反而开始向以色列讨教反恐经验，而以色列国防军中的一些著名特种部队也越来越引人注目。

"野小子"部队

1954年，以色列里程碑式的特种部队——101部队，因在一次行动中屠杀巴勒斯坦平民引起强烈抗议，后被迫解散，以色列国防军陆军的特种作战能力遭到了削弱。1957年，一名以色列国防军军官同时也是原帕尔马赫战士艾弗拉姆·阿南向以色列国防军总参谋部请愿，要求重建一支特种部队来渗透敌人控制的领土，执行绝密情报收集任务。阿南的想法得到了时任以色列总理兼国防部长大卫·本－古理安和国防军总参谋部作战部长伊扎克·拉宾的支持，于是"野小子"特种部队成立了，由阿南担任首任指挥官，隶属国防军总参谋部军事情报局，一年后正式成为总参谋部侦察部队。和一般的说法有出入的是，

"野小子"并不是这支部队的绰号,而是其希伯来语代号,在以色列国防军中它的真正绰号是"那支部队"。

"野小子"是结合了101部队的作战经验和英国特种空勤团的组织模式建立起来的。该部队的战士都必须由熟人推荐,经过严格的体检和测试,只有体格和心理素质最优秀的年轻人才能加入。"野小子"部队最初的定位是一个战地情报收集单位,用于深入敌后进行侦察以获取战略情报,因此"野小子"成员擅长导航、定位、使用各种车辆等突击和侦察行动,并配备了当时国防军中最精良的装备。"野小子"还与以色列国防军第一个直升机中队展开密切合作,使自己能够比其他部队部署得更快、更深入敌后,所有这些都是为战场准备的,在成立后的十几年里,"野小子"执行了多次重大的破袭行动,大多圆满完成了任务,立下了赫赫战功,越来越被国防军总参谋部视为解决棘手问题的最后的王牌,然而这却为1974年"野小子"在马阿洛特的惨败埋下了祸根。

1974年5月15日,3名全副武装的恐怖分子占领了以色列北部城市马阿洛特的一所小学,将115名教师和学生扣为人质,要求以色列释放被关押的巴勒斯坦人。以色列国防军迅速调遣一支最精锐的特种部队展开营救行动,但是在突袭开始后却发生了一系列失误:本来应该由3名狙击手在一开始就同时击毙大多数人质所在房间里的3名恐怖分子,但由于这些野战狙击手装备的是老旧的Kar 98K毛瑟步枪,不适合近距离狙击,有一名狙击手只打伤了恐怖分子,受惊的恐怖分子随后开始向人质投掷手榴弹和扫射。执行突破任务的三个战斗单位也状况连连,负责正面突破的二人小组被歹徒设置在正门处的障碍物所阻,从高处突破的一名战士向建筑内投掷的烟幕弹却阻挡了从侧面突破的小队的视线……最后,虽然所有3名恐怖分子都被击毙,但有21名学生和4名成人被杀害,他们都是平民,此外至少还有2名平民被友军误杀,遭遇惨败的那支部队,就是如今声名赫赫的以色列国防军269部队,又称"野小子"特种部队。

尽管马阿洛特事件发生后,国防军参谋部自然首先想到动用"野小子"部队,但忽视了一点,即此时的"野小子"本质上仍只是一支野战部队，之前的作战表现虽然出色但都是些侦察、爆破、占领、暗杀之类的任务，在人质救援方面的经验几乎为零。于是，本来在国防军看来是杀鸡用牛刀，结果却成了以戈春米，"野小子"也彻底暴露了自己在城市反恐方面的短板。此后以色列开始认真制订反恐规划，把国内反恐任务交给了以色列警察和边防警察部队，而"野小子"专注于国外反恐任务。

直到1976年，"野小子"部队终于有了一雪前耻的机会。6月27日，一架载有248名乘客的法航空客A300喷气式客机被几名巴勒斯坦解放组织和西德恐怖组织"红色兵团"成员劫持，劫机者要挟以色列释放其关押的40名巴勒斯坦人和其他13名分别被肯尼亚、法国、瑞士和德国拘留的从事恐怖活动的嫌犯，该航班从特拉维夫出发，原本目的地是巴黎，被劫持后改变航线飞抵乌干达的主要机场恩德培，乌干达政府支持劫机者，总统伊迪·阿明甚至亲自欢迎了劫机者们，劫机者将所有人质从飞机上转移到了一座废弃的机场大楼，并将所有以色列人和几名非以色列犹太人从乘客中挑出来，单独关进了一个房间。

以色列迎接"雷霆行动"中获救的人质

在随后的两天里,148名非以色列人质被释放并被送到巴黎,以以色列人和犹太人为主的94名乘客以及12名法航机组人员仍作为人质,劫机者威胁说,如果他们的要求得不到满足,他们就会杀死人质。

以色列国防军根据以色列情报机构摩萨德提供的信息采取行动,组织了一支包括空军、伞兵、戈兰尼特种部队、"野小子"特种部队在内的近100人的营救队伍,用运输机送到4 000多公里外的乌干达执行解救人质的"霹雳行动",整个行动仅历时90分钟,担任主攻任务的29名"野小子"部队战士就毙了全部劫机者以及在场协助他们的乌干达士兵,总共106名人质中102人获救,3人死亡,另有1名人质事前因病被送往当地医院,后来被报复性杀害,以色列营救队伍中只有5名突击队员受伤,1名军官牺牲。

霹雳行动可以说大获全胜,成了以色列面对威胁时不屈不挠的精神、英雄主义和对人民的承诺的体现,已经成为一个传奇的反恐故事,直至今日仍被引为反恐行动中的经典战例,"野小子"部队也因此一战成名,成为世界公认最顶尖的反恐武装力量之一,殊不知为了这次胜利,"野小子"上一次的失败后经历了多少卧薪尝胆的刻苦努力,值得一提的是,在这次行动中,"野小子"虽然伤亡很小,但失去了一名最优秀的指挥官:负责行动指挥的乔纳森·内塔尼亚胡中校是行动中唯一牺牲的以色列军人。他的两个弟弟也加入了"野小子"部队,其中之一就是后来的以色列总理本雅明·内塔尼亚胡。

内塔尼亚胡三兄弟(从左至右):本雅明、乔纳森、伊多

今天,"野小子"仍被认为是以色列国防军中最优秀的战斗单位,也是世界上最好的特种部队之一。尽管"野小子"部队一直坚持小而精的发展理念,规模不大,

正在训练中的5101部队

但许多以色列政治和军事领导人都是从这支队伍中脱颖而出的。除了内塔尼亚胡兄弟以外,还有以色列总理埃胡德·巴拉克、前以色列国防部长沙乌勒·莫法兹和摩西·亚阿隆、摩萨德负责人丹尼·亚托姆和犹太家园党领导人纳夫塔利·贝内特等。

虽然"野小子"是最负盛名和最具传奇色彩的一支特种部队,但在以色列国防军中还有几支精锐特种部队不遑多让。比如海军的第13舰队和空军的代号为"翠鸟"的5101部队。它们凭借自身军种优势与"野小子"部队互补互助,也有着十分优异的表现。

8200部队

20世纪90年代初,一名以色列少年和大多数以色列同龄人一样从高中毕业加入了以色列国防军,但是由于精通计算机技术,他被分配去了一个总部设在特拉维夫的神秘部队,刚进入部队不久,他就被布置了一项对于普通高中毕业生来说几乎不可能的任务:入侵一个与以色列保持敌对状态的国家的计算机并获取情报,这项任务的障碍首先在于找到入侵敌方计算机的方法,这对于这名少年黑客来说并没有太大难度,但是在获取敌方的海量加密信息后,他却遭遇了运算能力的瓶颈,以手头现有设备来独立运算破解这些信息将花费远远超出预期的时间,为了解决这一难题,少年入侵了另外两个敌对国家的计算机,劫持了它们的运算能力来解密他目标计算机上的加密数据。于是,这位不到20岁的少年只是坐在特拉维夫的一张椅子上就打赢了一场涉及多个国家的网络战争,并且无意中还成了网络云计算的先驱之一。

阿维沙伊·阿布拉哈米

这位少年名叫阿维沙伊·阿布拉哈米,从国防军退役后,他和朋友们共同创建了 Wix 公司,现在已经成为世界领先的云计算网络平台开发运营商之一,市值超过 200 亿美元。据他回忆,在那个神秘的国防军部队里,他所认识的至少有 100 位同龄人后来都建立了创业公司,平均市值在 2016 年就已高达 5 亿美元。这批当时风华正茂的少年,如今已是 50 岁左右的行业精英,在各自领域都享有极高的名望,但是,培养他们的那个神秘部队却直到近十几年才被以色列公开承认它的存在,那就是 8200 部队。

8200 部队是以色列国防军的一个情报单位,隶属于总参谋部军事情报局。这支部队的职能相当于美国国家安全局或英国政府通信总部,负责向以色列政府和国防军提供信号情报和信息保障,包括截获和收集所有类型的通信如语音、数据记录等,并对其进行解密和分析。该部队是以色列国防军中规模最大的部队之一,有数千名士兵,8200 部队不仅负责以色列和巴勒斯坦的信号情报收集,还负责整个中东和非洲以及欧洲和亚洲部分地区的信号情报收集,此外,该部队还负责利用信息技术进行网络战。

三 特种部队

8200部队的历史可以追溯到20世纪30年代的英国委任统治时期哈加纳建立的"情报服务第2小组",这个小组负责窃听阿拉伯人的电话通讯,以了解阿拉伯人是否在策划暴乱。以色列建国后,国防军将该小组与其他几个情报和信号收集小组合并,建立了一支番号为515部队的电子战部队,负责拦截和破译敌人通讯以获得情报,以色列最早的一批计算机工程师加入了这个单位,其中不少人是苏联移民过来的。一开始国防军并没有对信号情报工作引起足够重视,拨给515部队的预算少得可怜,这反而激发出了这支部队一种特有的精神,希伯来语称为"达夫卡"(倔强、迎难而上的意思),他们利用有限的资源,将情报工作仍旧开展得有声有色,甚至开发出了以色列最早的模拟计算机,这种计算能力在当时的中东地区已经无出其右,尤其是在1967年的六日战争中为以色列赢得了巨大的情报优势。

有鉴于此,1968年以色列国防军将515部队更改番号为848部队,并大幅提高了预算拨款,以提高其收集信息的能力,特别是关于叙利亚和埃及的信息。但是,在1973年的赎罪日战争中,以色列还是被埃及和叙利亚的入侵打了个措手不及,848部队犯下了它历史上最大的情报错误,仅提前几个小时才向以色列国防军发布了警告,没有给部队留出足够的时间来调动防御。此外,在战争中还有一名被俘的848部队情报官员向敌方泄露了重要情报,一度造成了以色列在战场上的被动。战争结束后,以色列决定对848部队进行大刀阔斧的重组,一方面改名为8200部队,另一方面将其完全部门化,从此该部队中的各个小组都独立运作,并对彼此的活动一无所知。

更关键的是,以色列认为它不能再冒险依赖其他国家特别是美国的科技产业来获得新信息技术,因此,8200部队成了以色列的体制内研发中心,人员数量迅速增长,在互联网世界中扮演的角色越来越重要。该部队在内盖夫沙漠中建设了一个大型信号情报中心,这是世界上最大的监听基地之一,能够监控中东、欧洲、亚洲和非洲的电话、电子邮件和其他通信。8200部队还在巴勒斯坦和国外设立秘密监听站,有能力窃听海底电缆,并拥有配备电子监视设备的湾流喷气式飞机。如今以色列获取的情报材料约90%来自8200部队,远远超过了摩萨德或任何其他情报安全机构。

随着8200部队重要性的增长,它的影响力也在增长。8200部队主要由18—21岁的应征士兵组成,选拔和招募通常在18岁时通过高中毕业后的以色列国防军筛选程序进行。此外以色列国防军还会对全国的高中进行梳理,寻找潜力较大的候选人,他们的目标是具有卓越分析能力、能够做出快速决策并在团队环境中工作出色的学生,一种筛选和培养相结合的方法是在高中阶段开设名为"玛格西密"的课外计算机培训项目,该项目教授16—18岁的学生计算机编码和黑客技能,表现优异的学生们会收到8200部队的入伍邀请。即使如此,新兵要加入8200部队仍需要经历严格的面试、测试和半年左右的培训,内容涵盖从通信到电气工程到阿拉伯语等各个方面。

一旦正式加入8200部队,新兵们很快就会面临极具挑战性的工作安排。8200部队是一个特殊的单位,在许多方面,它的运作更像一个高科技初创企业,部队里的技术人员不依赖外部研发,而是把情

参加8200项目培训的学员

报官员当成他们的"客户"来合作，该部队的所有技术系统，从分析到数据挖掘、拦截和情报管理，都是内部设计和构建的，技术人员与他们的"客户"们朝夕相处，情报官员需要什么，他们开发什么，没有人会指导技术人员怎么去做，他们必须自己找到方法实现"客户"们的要求，因此创业心态渗透到了整支部队，而部队则不但给了这些年轻人发挥创造力的自由，还提供了实现创意所需的各种资源，使他们在离开部队前就掌握了关键的创业技能和经验，因此，8200部队成了以色列高科技尤其是信息技术产业创新创业的主要孵化器，该部队成员在退役后会被高科技公司和其他公司争相聘请，许多公司在招聘广告上声明"只招聘8200成员"。还有许多8200成员退役后将自己在部队中开发的军用技术投入民用领域，像阿维沙伊那样创办了自己的高科技初创企业并获得成功。8200部队甚至还会动用自己的资源来孵化或扶植一些初创公司，让它们开发出对自己有帮助的产品，实现双赢。

久而久之，8200部队不但培养出了独特的创新意识和创新模式，还在创新创业领域建立起了一张基于同僚关系的无形的人际巨网，从8200部队退役的创业者们互通声气，相互扶持，将其他国家创业者只能单打独斗的创业游击战变成了军团战，因此，由前8200成员们创办的诸如CheckPoint、Imperva、Nice、Gilat、Waze、Trusteer和Wix等技术公司开始在以色列扎堆出现并获得成功，更多优秀的新企业也不断涌现。如今，只有不到1 000万人口的以色列占据了全球网络安全市场超过10%的份额，以色列每年出口的网络安全产品销售额甚至超过了以色列的军事硬件出口，这些成绩都和8200部队密不可分。

8200部队在创新创业领域的孵化之功使其声名大噪，不管是不是以色列的宣传策略，但人们确实越来越忽略它在本职工作方面的表现。实际上在信号情报和网络战领域，该部队的业务水平已经跻身世界顶尖行列，并不乏经典战例，比如近十几年来伊朗多次遭受"震网""火焰"等网络病毒攻击，就是由8200部队和美国联合发起的。

塔皮奥特

毫无疑问，除了8200部队以外，以色列国防军中的另一个重要的创新发动机就是塔皮奥特。如果说8200部队的创新成就是其本职工作外无心插柳的副产品，那么塔皮奥特则是把创新融入骨髓，作为主要目标去追求。

"塔皮奥特"一词的意思是"高台"，源于希伯来语圣经中的《雅歌》："你的颈项好像大卫建造收藏军器的高台，其上悬挂一千盾牌，都是勇士的藤牌。"寓意要通过这个单位把国防军打造为一支坚不可摧、震撼人心的军队，实际上塔皮奥特是以色列国防军的一个精英培训单位，面向在科学和领导潜力方面表现出杰出学术能力的新兵，该项目于1979年启动，由以色列空军和以色列国防军武器和技术工业发展管理局资助，由耶路撒冷希伯来大学主持，其设计初衷是利用年轻人们正处于顶峰的创造力，为军队开发新技术。

塔皮奥特会根据所掌握的以色列即将毕业的高中生情况，选拔在科学领域最有前途年轻人，选拔过程是一个残酷的智力优胜劣汰的过程，难度丝毫不亚于哈佛或麻省理工学院这样世界顶尖学府的入学筛选。每年，以色列各高中的教师会向以色列国防军推荐数以万计的高中生人选供塔皮奥特考虑，经过初步审查后，这个群体被缩小到大约5 000名候选人，在大约6个月的时间里，他们会接受更严格的筛选，候选人会进一步缩减到1 000人，然后在笔试后降至180人，在面试后再削减60人，能通过最终测试加入塔皮奥特的只有50名人选。

即使成功入选，这些新兵们仍必须不时接受一些高难度测试来证明自己，除了数学和物理学方面的纸笔考试外，还有许多强调创新能力的测试，比如有的测试要求在半小时内用单词和符号创造一种全新的语言，想象一下用半小时拍一部《波斯语课》有多难？大部分测试都考验新兵们在这种压力氛围下的表现能力，强调的不是最终结果，而是达成结果的过程。塔皮奥特追求的是质量而不是数量，培养的是天才而非庸才，所以没有配额限制，任何人在任何时候跟不上进度就会被淘汰，因此，每一期塔皮奥特一般只有35至40人能够完成整个项目，顺利"毕业"。

加入塔皮奥特的国防军士兵要在3年服役期间同时接受高等教育，费用由政府支付，他们的驻地在耶路撒冷希伯来大学校园内专门建造的营房里，与其他大学生分开居住，他们的教官都是世界顶尖的数学、物理和计算机科学专家，还有以色列陆、海、空军的顶级战略领导人，第一年学习高等数学、物理和计算机科学的本科课程，比普通的学士学位课程多学习40%的材料。此外还要参加军事适应性训练和完成一项军官培训课程，此外他们要参观以色列国防军各单位并在三军部队中轮流参加特别课程，了解武器系统，以获得对其操作和技术需求的真正理解。第二年继续数学、物理和计算机科学方面的学习并争取获得本科学位，用三个月左右时间深入参观了解国防军各分支机构，并接受伞兵训练。第三年用来提高领导能力和学术技能，学习更高级的科学课程和更广泛的人文与社会科学课程以确定一门学科和专业方向，提高军事技术，为"毕业"后在国防军内任职进行面试。

塔皮奥特在以色列军事系统中的运作方式类似于美国的贝尔实验室或美国国防部先进研究项目局，它鼓励队员大胆进入新的研究领域，

"塔皮奥特"学员

不过，不同于美国那些科研机构，塔皮奥特几乎从不进行理论研究，而是致力于依靠最年轻的头脑以最快的速度解决问题。

在结束塔皮奥特的三年服役期后，这些士兵会进入国防军各单位继续服六年带薪兵役，一般两年在野战部队，四年担任研发军官，利用自己的专业知识在技术领导岗位上推动以色列国防军的研究和发展。与8200部队专注于信息技术不同，虽然也有塔皮奥特成员加入8200部队，但基本上每个塔皮奥特成员都会被五六家单位争抢，所以许多人进入其他武器研发单位，涉及更广泛的军工领域，以色列希望他们通过开发未来的武器和军事硬件，使以色列国防军保持对敌人的永久优势，自从塔皮奥特成立以来，对以色列的国防理论、武器开发和使用策略产生了空前影响。

与8200部队相似的是，塔皮奥特的精英们给以色列带来的军事优势并没有随着他们在国防军中的服役结束而结束，那些退役的塔皮奥特成员往往把他们为以色列国防军所做的事情应用于创新创业，在以色列和其他国家创造了数千亿美元的财富和数以万计的工作岗位，他们极大地帮助以色列在战场上和全球商业中获得了优势，正因如此，塔皮奥特成了以色列国防军中最值得夸耀的精英项目，它表明以色列的军事系统在许多方面发挥着美国学术界的那种筛选功能，并为它的参与者们提供了无与伦比的成就和荣誉，这有点类似于常青藤联盟的高校吸引着美国顶级的高中生，只不过在美国最好和最聪明的人都进入了学术界，而在以色列顶级人才都被吸引进了国防军。

如今塔皮奥特在以色列国防军中的声誉如日中天，已经取代空军和特种部队，成为以色列年轻人服役的首选目标，有鉴于塔皮奥特的巨大成功，也为弥补塔皮奥特名额过少的缺憾，以色列国防军按照塔皮奥特的模式陆续建立了一批特殊单位，比如旨在培养精英情报军官的"哈瓦扎罗"（意为"百合"）和培养精英电子工程师的"普萨迦"（意为"巅峰"）等。毫无疑问，以色列国防军在人才"掐尖"方面可以说无所不用其极，这保证了其作为以色列技术创新支柱的地位不可撼动，而以色列所有世界级的产业也基本都直接或间接与军事产业有关。

四

军事产业

发展简史

以色列的军事工业起源于第一次世界大战期间,当时巴勒斯坦的犹太人只能从奥斯曼军队中盗取机械模具,制造手榴弹等简易武器。在1919年至1939年期间,犹太复国主义地下武装在巴勒斯坦的发展加速,但是根据委任统治条例,这种武装是非法的,英国当局对此的政策时紧时松,但总的说来很难进口武器,因此对本地生产的需求就变得明显而迫切。哈加纳开设了不少小作坊来制造炸药、弹药和仿制冲锋枪、手榴弹等简易武器。有制造就离不开修理和维护,但所有的技术人员和基础设施都只能地下运作,不能被英国人发现。

随着1933年后德国和奥地利犹太人大批到达巴勒斯坦,情况发生了戏剧性的变化,根据犹太复国主义组织与柏林纳粹当局签署的《哈瓦拉协定》,德国犹太人在移民巴勒斯坦时保住资产的唯一途径是购买德国工业产品再进口到巴勒斯坦。这导致大批工业机械输入该地区,很多都是当时最先进的机械。几年之内,巴勒斯坦的城市就完成了工业化,逃离纳粹德国的犹太移民建造了数以千计的新工厂,这些工厂在为英国军队生产物资的同时,也偷偷为伊休夫的地下武装生产武器装备。但仅靠地下生产仍不能满足哈加纳日益增长的军火需求,于是

为"哈加纳"生产子弹的地下工厂

哈加纳建立了军事采购组织"雷克什",通过各种渠道从欧美和苏联采购武器装备。

二战期间,随着英国军队涌入巴勒斯坦,犹太工业得到了巨大的推动,大部分犹太移民都在欧洲接受过教育,具有良好的知识基础,而巴勒斯坦当地的希伯来大学、理工学院和魏茨曼研究院等高等学府使伊休夫得以培养出一流的科学技术人才,战后抵达的犹太难民和志愿者又为伊休夫补充了大批来自东欧、西欧和美洲各国的专家和熟悉武器装备的老兵。

到以色列建国前,哈加纳的军工厂已经可以制造炸药、引信、雷管、枪榴弹、迫击炮及炮弹、喷火器、地雷和多种轻型武器,但还无法制造和维修坦克、飞机等重型装备,尽管如此,在独立战争中以色列武器质量和通信、供应系统已经优于它的阿拉伯对手,并成为取得胜利的关键因素。

不过,直到1953年,以色列的现代武器生产政策才开始启动。

以色列开始把国防军定位为一支快速机动的进攻性军事力量，因此决定大量投资建设军事工业，当时的以色列有所谓的双重预算制度：普通的国家预算由内部税收提供资金，而单独的发展预算则由国外来源提供资金，这些来源包括全世界犹太人的捐款、在国外出售独立和发展债券、来自外国的贷款和赠款以及赔偿等，建国后的70年中，以色列接受的各种形式的外援比历史上任何国家都多。

这些资金被大量投入军工建设，包括核武器计划、以法国设计和运营的迪莫纳钚核反应堆为基础的军工冶金基础设施，用于维修、改装和生产飞机的比德克工厂（以色列航空工业公司的前身）、为以色列国防军生产通信和其他电子设备的塔迪兰电子工业工厂等，此外，以色列建国初期就存在的主要军工企业也得到了大规模发展，如塔阿斯公司（即以色列军事工业公司）、索塔姆公司、埃梅特研究所（以色列军备发展管理局和拉斐尔高级防御系统有限公司的前身）等，还有许多规模较小的企业也获得了生产、改装和出口各种武器的资金，以色列军工复合体网络初具规模。

以色列军工虽然几乎白手起家，但初期善于利用后发优势，专注于仿制和改进从其他先进国家得到的成熟装备，从而省去了大量研发成本。以色列还有一个重要的有利因素：它的参战机会比现代大多数国家都多，可以不断进行武器实战测试。此外，在其他地方的相关领域也有不少犹太从业者愿意向以色列提供关键信息，使以色列能够改进武器系统，这些保证了以色列军工的迅速崛起。很快，这些企业在服务以色列国防军之外，还将目光投向了出口创汇，此时恰逢冷战初期，国际市场对武器的需求比以往任何时候都大，以色列很快就从类似缅甸这样的第三世界国家中找到了买主，到50年代中期，军工已成为以色列最大的工业部门和主要出口部门。

不过，由于缺乏核心技术，以色列在50和60年代的主要武器尤其是重型装备仍然是从法国、西德等西方国家购买的，特别是法国，不但大大推进了以色列国防军装备现代化，还为以色列建造了核设施。但是1967年的六日战争改变了局面，此战后，法国对以色列实施武器禁运，两国停止了军工方面的合作，这促使以色列加大军工建设力度，力图使以色列国防军实现从弹药到零部件到小型甚至中型武器等领域实现完全的自给自足，同时还能发展经济、提供就业和节省硬通货。

以色列国防军在六日战争中缴获了大量苏制武器，包括坦克、轻型装甲车、火炮、枪支等各种装备。以色列军工发挥了自己擅长仿制和改进的优势，利用这些装备升级了自己的武器库，到1970年，国防军各种弹药已经实现了自给自足，还有了多款以苏制武器为基础改进升级的自研装备，不过在主武器系统方面，以色列当时仍无法完全自主研发，必须寻求外界帮助。

法国撤出后，美国很快就成了以色列的保护者和供应商，这是因为此时的中东已成为两个冷战集团的代理战争角逐场：美国供应以色列，苏联供应埃及和叙利亚，以色列也成了美国武器的测试场。美国还把以色列作为其在东地中海的主要基地：它比埃及和沙特阿拉伯更安全，并且更靠近欧洲和俄罗斯。有了美国的大力支持，以色列军工行业通过重组和升级变得日益繁荣，以至于到了20世纪70年代和80年代，美国军工行业有时会担心以色列变成自己的竞争对手。尽管如此，以色列还是得到美国不遗余力的支持，这是因为以色列在美国政治机器中找到了强力部件——以色列游说集团，该集团的成员很多是与军工业有关的犹太亿万富翁，对美国国会的影响力巨大，在很大程度上保证了美国亲以色列政策的可持续性。

以色列军工的许多核心技术都由美国提供，形成了对美国的高度依赖。这需要承担一定风险，以色列一直在设法缓解这种情况，因此十分重视技术创新和发展独立生产能力。好在以色列军工擅长改进和升级武器的传统优势也受到美国肯定，它的许多改进设计都被美国纳入自己的产品升级计划中，以色列也借此在美国的军事工业中占有了一席之地。

与当时的外国竞争对手相比，以色列军事工业的优势在于，尽管地处中东，建国时间不长，但它的教育和专业水平远远领先于其他发展中国家，以色列的科学和工程精英足以媲美大部分发达国家，但其培训和维护成本比西方国家的同行要低得多，特殊的兵役制度和国家的小体量使得这些精英很少脱离军事事务，反而与国防机构密切相关。

最后，1973年的赎罪日战争和随后发生的无数次小规模冲突为以色列提供了其他国家在规模和现代化方面无法比拟的战斗经验。实际上，以色列在70年代中期到后期已经成为一个巨大的军工实验室，以色列研发的武器装备大多经过实战测试和考验。

到1981年，以色列军工业雇用了30多万名工人，占以色列劳动力的四分之一。冷战结束后，对先进武器的需求进一步增加，以色列军工产品以其价廉物美吸引了不少第三世界国家，这些国家往往资金有限，但又想让自己的军队迈入现代化行列。以色列为飞机和坦克开发的升级服务显示出较高的性价比，例如，为一辆旧坦克敷设主动装甲只需要1万美元，而购买一辆新坦克则需要100万到200万美元。此外，以色列从自身长期的作战经验出发，发挥其在信息技术等高科技方面的科研优势，开发出了一批性能优异的轻型武器和战场辅助系统，如无人机、防空导弹、雷达、通信系统等，这些装备都经受过实战考验，受到国际市场的青睐。

就连美国也在某种程度上成为以色列的顾客之一，美国发现以色列有些军工研发项目正好可以补足美国装备体系中的短板，于是拨款资助其研究，等研发完成后，美国就能以优惠价格从以色列获得相关技术或产品，在巴以冲突中大出风头的"铁穹"反火箭弹系统就是以这种模式开发的，这种合作加强了以色列与美国及其北约伙伴的关系。此外，以色列向欧洲、亚洲、非洲和南美洲四大洲的发展中国家提供武器，不仅获利丰厚，也增强了其政治影响力，还间接维护了美国在这些地区的利益。

这些使得以色列这个资源贫乏的小国家在短短几十年内已经一跃成为主要的武器出口国。目前以色列共有3家军工企业位列全球军事销售50强：生产电子设备的埃尔比特系统公司、生产航空航天设备的以色列航空工业公司、生产导弹和防空武器为主的拉斐尔高级防御系统公司。此外以色列武器工业公司生产的轻武器也广受欢迎，以色列的武器销售约58%在亚洲地区，其三大客户印度、越南、阿塞拜疆都来自该地区，尤其是印度，自从印度人民党在1996年成为印度议会第一大党后，以色列开始向印度提供武器，该党在2014年选举获胜后，印度成为以色列武器的主要客户之一,从那以后,印度购买了数十亿美元的武器,到2017年,印度已成为以色列武器的最大买家。

在以色列国内,虽然这些军工企业大多经过了私有化改制,但仍受到国家补贴和管控,在某种程度上实际是以色列国防军的附属机构,它们一直是以色列金融生活中的主要工业力量。在军工企业和大多数其他工业企业中,国防军现役或退役高级军官占据了大多数高级职位,中层管理人员也完全来自军队。随着学术界越来越融入军事工业,在国防军担任关键职位的科学家同时也会担任大学职位。以色列国防军的影响渗透了军工业的方方面面,而以色列军工业在劳动力百分比、人均支出和国内生产总值占比三个方面都处于世界领先地位。

经典装备

1. 乌兹冲锋枪

乌兹冲锋枪诞生于1948年的以色列独立战争之后。虽然以色列国防军在战争中击退了阿拉伯世界的联合攻击,成功地保卫了国家,但武器装备的缺乏和落后让国防军战士在战争前期吃尽了苦头。战后,国防军发现自己手里的装备其实就是个二战剩余武器的大杂烩,特别是作为单兵最基本武器的枪支,型号、口径、产地都不一样,而且大多存在缺陷,这使后勤很难供给和保养,也不符合正规国防军的训练和作战要求。

国防军需要一种快速、简单、轻便、非常舒适和高效的枪支来作为制式武器,但当时的以色列很穷,根本不可能大批量采购最新武器。此外以色列作战环境特殊,对武器在沙漠环境下的可靠性要求很高,国外武器容易水土不服,解决办法只能是依靠以色列自己刚刚起步的军工业。1948年,国防军中一位德国裔犹太人乌兹尔·盖尔少校设计出了一款新型冲锋枪。其灵感可能来自捷克斯洛伐克的ZK-476、Savz.23系列冲锋枪以及英国的MCEM-2冲锋枪,不过进行了更多的改进。

最终的设计,是一款呈"T"字形紧凑布局的冲锋枪,弹夹可容纳 25 或 32 发 9mm 子弹,像手枪一样插在握把内,部份枪管被机匣覆盖,令总长度大幅下降,重量分布更加平衡。它采用了简单的开放式枪机、后座自动作用设计,可以切换自动、半自动或手动点射三种设计模式。机匣采用低成本的金属冲压方式生产,减少了所需的金属原料,也缩短了生产时间,而且更容易进行维修保养。当击锤释放时,退壳口会同时关上以防止沙尘进入机匣造成故障,枪上还设有三套保险机制:一个手动杠杆保险,一个类似于 M1911 手枪的握把保险和一个插销保险,使得新兵在使用时更加容易,不需要太多的训练就能掌握。最重要的是,早期型号的乌兹冲锋枪就已经达到每分钟 600 发的射速,可以很快对敌方形成火力压制。

虽然乌兹尔·盖尔少校从不希望自己的名字与他设计的枪支联系在一起,但国防军还是决定命名其为"乌兹"。1950 年 12 月,以色列正式宣布乌兹成为以色列的制式冲锋枪。1953 年,以色列国防军首次在刊物上对外公开宣传乌兹冲锋枪,还向来访的美国人员展示了这款新式武器,这宣示了以色列已经有能力自主研发和生产制式武器。1954 年以色列国防军的伞兵和特种部队开始在报复行动中使用乌兹对

早期型号的乌兹冲锋枪

付渗透者。乌兹最出色的表现发生在 1956 年，当时以色列 202 伞兵旅在西奈半岛空降，在夺取米特拉山口的战斗中，紧凑、火力强大的乌兹很适合用来对抗在山洞洞穴中设防的埃及军队。而同时，在约旦河西岸的巷战中，乌兹同样发挥出色。

不过，随着苏制武器在阿拉伯世界的扩散，乌兹开始受到挑战。乌兹的有效射程只有 120 米左右，在崎岖地形或建筑密集的城市地区很实用，但在开阔地形上就捉襟见肘了。相比之下，阿拉伯军队列装的 AK 系列自动步枪可以以合理的精度覆盖 800 米左右的射程，能够轻松地在火力上压制他们的以色列对手。因此以色列国防军步兵开始大量装备比利时的 FNFAL 突击步枪和自行设计生产的加利尔突击步枪，以及后来的美制和自制 M16 突击步枪，而乌兹则主要配发给国防军伞兵、坦克和装甲车乘员以及特种部队。

但此时乌兹冲锋枪已经蜚声国际，由于乌兹轻便易携带，可靠性高，近距离火力强大，特别适合保镖、警察和特种作战人员使用，很快就成为国际军售市场上的紧销商品，荷兰、德国、希腊、葡萄牙、

手持 FNFAL 突击步枪的以色列伞兵

加利尔突击步枪

澳大利亚、安哥拉、埃塞俄比亚和印度尼西亚等几十个国家都开始向以色列订购。以色列也根据市场需求开发了迷你乌兹和微型乌兹等几个改进型版本,使它们更便于携带,同时更具隐蔽性,甚至可以藏在衣服下面或普通公文包里。1981年里根总统遇刺时,现场的美国中情局特工手持乌兹反击的形象在全球媒体上的播出,成了这款传奇武器最经典的高光时刻。此外,由于乌兹生产工艺简单,成本低廉,许多国家都对其仿制,其便携性和易操作性甚至得到了非法武装的青睐,成了黑帮火并中的首选武器。

以色列军事工业集团生产的乌兹系列冲锋枪在世界范围内销售了200多万支,许多至今仍在使用中。2005年2月该集团的"马根"工厂经过私有化改制成为以色列武器工业公司,乌兹冲锋枪的开发和生产转由该公司负责,该公司与时俱进地推出了多款改进型乌兹系列枪械,最新的专业版乌兹冲锋枪仍基于六十多年前乌兹的传奇设计,但用现代聚合物、皮卡汀尼导轨、折叠式手柄和符合人体工程学的肩托做了改进。

2. 梅卡瓦主战坦克

梅卡瓦主战坦克是以色列第一款自主设计和建造的主战坦克。以色列国防军在1956年、1967年和1973年的中东战争中主要使用的坦克是进口的美国M48和M60、英国的"百夫长"和法国的AMX-13,

M48 坦克

M60 坦克

四 军事产业

"百夫长"坦克

AMX-13坦克

以及从阿拉伯敌人那里缴获的苏制 T-54、T-55 和 T-62。战争中以色列发挥了自己擅长改造武器的优势，要么从国外采购零件，要么使用国内设计和制造的替代零件，对这些坦克进行了升级，提升了它们的战斗力。以色列将它们分为两种不同类型的平台来更好地应对不同的地形，例如百夫长坦克虽然速度慢，但其外置螺旋弹簧的霍斯特曼悬吊装置适合戈兰高地粗糙的火山岩地形，而美国 M 系列坦克较宽的衬垫履带则更适合西奈沙漠柔软的沙地平原。

　　1967 年六日战争后，英国由于阿拉伯世界的压力，取消了与以色列合作研发酋长坦克的计划，还将坦克出售给阿拉伯国家。面对英国毁约，外加经历了法国在武器采购方面类似的变卦，以色列决定尝试设计和建造自己的主战坦克，使以色列不用再依赖外国政府提供坦克和备件。1973 年的赎罪日战争加强了以色列国防军的决心，尽管以色列国防军最终挫败了埃及和叙利亚联军对西奈半岛和戈兰高地的突然袭击，但他们的装甲部队在战斗中遭受了非常严重的损失，阿拉伯军队在战斗中使用了苏联的手持式反坦克导弹，这种导弹很容易穿透以色列的英制和美制坦克装甲。作为一个面积小、人口少的国家，以色列承受不起训练有素的装甲车辆乘员的巨大损失，以色列装甲部队需要一款全新的坦克，设计重点是最大限度地保护乘员，如有必要可以适当牺牲火力和机动性。此外还必须足够大，可以容纳四人车组长时间工作。

　　从 1970 年起，梅卡瓦坦克项目经历了开发、原型制作和现场测试，最终在 1979 年向以色列国防军交付了第一辆梅卡瓦 1 型坦克。除了兼顾战斗损伤的快速修复、生产成本和越野性能外，在保护乘员方面可谓做到了极致：整辆坦克总重中的约 75% 用来布置装甲，车身低矮，炮塔呈飞碟状，防弹外形极为优异；为了防止殉爆，车内炮弹用特制容器来保存，先进的防火系统可以在 80 毫秒内对火灾或油（燃料）爆炸做出反应，底盘采用 V 型防雷设计；此外，整车布局参考了现代自行榴弹炮，发动机前置，炮塔组件比大多数主战坦克更靠近后方，这种布局旨在吸收部分正面来袭炮弹的破坏力，从而为主车体中的乘员提供额外的保护，这种设计还为坦克后部创造了更多的空间，

梅卡瓦坦克后部的蛤壳式门

增加了存储容量。主要乘员舱的后部有一个蛤壳式入口，在正面遭遇敌人炮火时也可以很容易地出入，蛤壳式门还能保护人员免受来自上方的攻击。因此，这款坦克可以兼用作医疗登陆平台、前方指挥控制站和步兵战车。

对生存性的高度强调是以牺牲部分火力为代价的，前两代梅卡瓦坦克安装了105毫米口径火炮，在口径上逊于当时阿拉伯国家购买的苏制T-72坦克的125毫米口径火炮，不过配合先进的激光测距仪、计算机化火控系统和以色列最新研制的M111穿甲弹，战场上梅卡瓦坦克仍能游刃有余地与之周旋。此外梅卡瓦1还装有两挺7.62毫米机枪（用于反制步兵），以及一门安装在外部的60毫米迫击炮。在1982年6月入侵黎巴嫩南部的"加利利和平行动"中，梅卡瓦首次参战，并为其乘员提供了比百夫长和M60坦克更强的保护。战争中只有7辆梅卡瓦被摧毁，少量受损，坦克乘员伤亡的比例也低得多。在后续的黎巴嫩战争中，有至少9辆T-72坦克被梅卡瓦击毁。

建造中的梅卡瓦 2 型坦克

根据以色列国防军在 1982 年黎巴嫩战争中使用梅卡瓦 1 型坦克的经验，军工部门对其做出了改进。1983 年，更成熟的梅卡瓦 2 型坦克诞生了，梅卡瓦 2 引入了新型复合装甲，增强了炮塔正面和侧面防护。炮塔后部加装了许多悬挂小钢球，可以有效防御破甲弹的攻击。坦克保留了 105 毫米火炮，但重新设计了 60 毫米迫击炮，改为安装在车内，以更好地保护炮手。此外还改进了火控和光电设备，增加了夜视系统。

1989 年推出的梅卡瓦 3 型带来了一大更引人注目的飞跃，采用了一种新的模块化装甲概念，使装甲能够快速适应频繁作战的要求和不断变化的威胁，坦克火力也得到了加强。主炮从 105 毫米线膛炮换成了 120 毫米滑膛炮，并加装了一个维科工业公司产的热套筒，可以防止炮管因天气、热和冲击的影响而变形，从而提高了精度。7.62 毫米机枪增加到 3 挺，两挺安装在车顶，一挺与主炮同轴。此外还改进了火控和光电系统，加装了预警系统，早期型号的电液炮塔控制系统后期被完全电气和电子化系统所取代。为进一步提高生存能力和安全性，新的空气冷却柴油发动机将动力从 900 马力提升到了 1200 马力。梅卡瓦 3 型的许多变化是基于从黎巴嫩和加沙的行动和战斗经验中获

四 军事产业 079

梅卡瓦 2 型坦克

梅卡瓦 3 型坦克

得的反馈和教训，因此，以色列国防军决定逐步淘汰百夫长和 M-60，并转向完全基于梅卡瓦平台的装甲部队。

到 2005 年，国防军中的最后一批 M-60 坦克也被最新的梅卡瓦 4 型取代了，梅卡瓦 4 型主战坦克于 2001 年全面投入生产，并于 2003 年 7 月开始参与以色列国防军作战训练，第一批梅卡瓦 4 型坦克于 2004 年在以色列国防军服役。梅卡瓦 4 型略大于梅卡瓦 3 型，能够运载 8 名步兵和 4 名坦克车组人员，坦克装有一个新的全电动炮塔，改进后的 120 毫米滑膛炮，可以发射更高功率的弹药，包括新的 120 毫米高穿透弹丸和制导炮弹。新火控系统使梅卡瓦 4 型可以在移动中击中包括直升机在内的移动目标，发动机换装了额定为 1500 马力的 V12 柴油机，比梅卡瓦 3 型的发动机功率增加了 25%。车体经过重新设计，改进了前装甲保护和驾驶员视野，炮塔覆盖了模块化特殊装甲，可以抵御空中发射的精确制导导弹并在顶部攻击反坦克武器。车体底部安装额外的装甲防雷装置，车内还为司机舱和车组人员舱配备了冷暖空调和核生化防护系统。2018 年 2 月，梅卡瓦 4 型被《国家利益》杂志

梅卡瓦 4 型坦克

评为世界上最致命的坦克之一，与俄罗斯的T40和美国的M1艾布拉姆斯并列。同年7月，以色列国防军公布了梅卡瓦4型坦克的最新版本，新版本配备了许多先进功能，如人工智能、升级的传感器和虚拟现实能力。

3. "铁穹"反火箭弹系统

由于国防军对以色列边境的强力守护，多年来从地面对以色列本土发动的攻击几乎已经绝迹，火箭弹成了袭击以色列的最主要武器。以色列国土狭小，几乎没有纵深，所以从以色列控制区外特别是约旦河西岸和加沙地带发射火箭弹可以命中大部分以色列国土，从而给以色列造成极大威胁。根据统计，在2006年第二次黎巴嫩战争期间，约有4 000枚真主党发射的火箭落在以色列北部，包括第三大城市海法，火箭弹袭击造成44名以色列平民丧生，25万人流离失所，100万人不得不躲进防空洞。在南部，2000年至2008年期间，哈马斯从加沙向以色列人口中心发射了8 000多枚射弹（约有4 000枚火箭和4 000枚迫击炮弹）。居住在南部的近100万以色列人都处于火箭弹射程之内，对该国及其公民构成了严重的安全威胁，因此防空反导就成了以色列最重要的国防任务。

在哈马斯和真主党持续不断的火箭攻势的威胁下，以色列多年来一直在寻求有效的防御手段，起初以色列使用美国的"爱国者"导弹系统拦截来袭的火箭弹，但在实战中，"爱国者"遭受的质疑越来越多。首先，"爱国者"价格昂贵，一枚"爱国者"导弹价格高达100万—200万美元。相比之下，哈马斯的火箭弹大多价格低廉，甚至许多所谓的火箭弹是就地取材自制而成，在一段钢管中填充火药，再安装简易的整流罩和尾翼。其破坏性有限，准确度更是无从谈起，用一枚"爱国者"拦截一枚这样的火箭，即使成功也是一次重大经济损失，其次，"爱国者"系统是美国根据自身需求设计的，主要针对高空高速目标，如超音速飞机、导弹等，在拦截低空来袭的火箭弹时效果并不理想，拦截率很低。并且由于"爱国者"系统比较笨重，很难进行快速机动部署，最后，"爱国者"的核心技术掌握在美国手里，以色列只能从美

发射中的"爱国者"导弹

国手里采购成品。虽然美以之间的盟友关系比较稳定和紧密，但以色列之前多次遭受过英、法等西方大国在军售方面的毁约，因此始终认为存在着风险隐患。另一方面，由于美国不愿共享技术，以色列无法对"爱国者"系统根据自身需求进行改进，只能寄希望于美国的后续升级，使以色列显得相当被动。

  2004年以色列决定从头开始自主建设为本国量身定制的新火箭防御系统，致力于拦截短程火箭。2006年的第二次黎巴嫩战争坚定了以色列的决心，"铁穹"系统应运而生，该系统旨在对抗射程70公里以内的短程火箭和155毫米炮弹，可以全天候运行，并能同时应对多种威胁，"铁穹"由三个单元组成：探测和跟踪雷达单元、战斗管理和武器控制单元、导弹发射单元。

  探测和跟踪雷达单元可以探测到40公里以内的火箭发射并跟踪其轨迹，并将数据传送给战斗管理和武器控制单元。战斗管理和武器控制单元是一个充满监视器和电子设备的小工作空间，以色列国防军人员在这里解读雷达信息，根据得到的数据计算撞击点，并使用该信

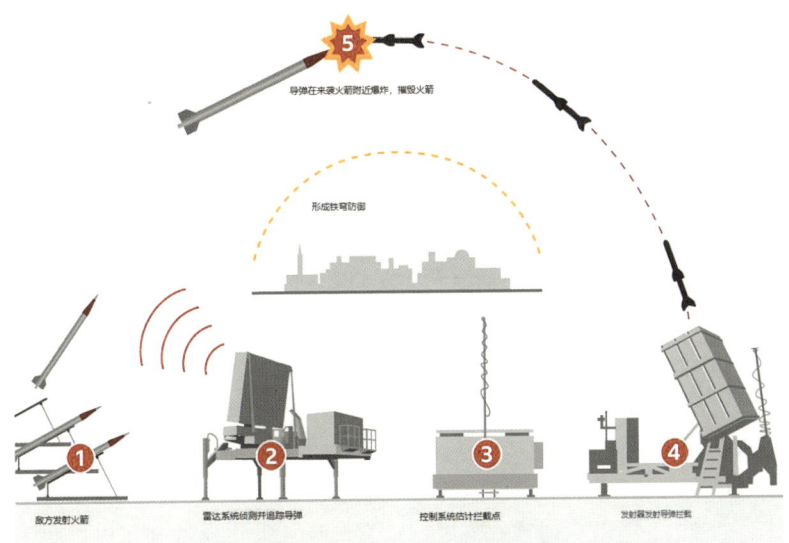

"铁穹"系统拦截流程示意图

两个"铁穹"发射单元

息确定目标是否对指定区域构成威胁,由于许多来袭的火箭都是漫无目的地胡乱发射的,因此对于那些预判落点在空旷或无人区域的火箭可以置之不理。一旦战斗管理团队确定来袭物具有威胁,就会指令导弹发射单元发射"塔米尔"拦截导弹,在来袭物到达预计的撞击区域之前将其摧毁。一套"铁穹"系统一般配备个3~4个发射单元,每个单元一次可发射20枚导弹。

"铁穹"系统的初始研发资金是以色列自己承担的,因预算短缺拖慢了进度,而且只够生产两套系统。2011年美国向以色列提供了2.05亿美元专项援助,帮助以色列生产和部署后续几套"铁穹"系统和配套的"塔米尔"导弹。虽然美国的初衷只是为了帮助以色列更好地应对火箭弹威胁,但这也成了美国对该项目的第一笔直接投资,此后美国又不断追加投资,总额超过了10亿美元。

自2011年以色列首次部署"铁穹"后,很快就改变了巴以冲突的格局。长期以来,以哈马斯为主的巴勒斯坦武装向以色列境内持续发射了大量火箭,但"铁穹"系统的拦截率高达90%以上,因此哈马斯未能给以色列造成任何重大伤亡,也一直没能在世界舞台上制造国际头条新闻来吸引人们对其倡导的事业的关注。

有鉴于"铁穹"系统的出色实战表现,许多国家都产生了采购"铁穹"的兴趣,罗马尼亚于2018年与以色列签订了在罗马尼亚生产铁穹系统的协议。阿塞拜疆和印度也和以色列签署了购买协议。一些欧洲国家也和以色列政府接触,探讨出售该系统的可能性。作为直接投资人的美国发现"铁穹"正好能补足其防御体系中拦截对低空低速目标方面的不足,也向以色列采购了几套"铁穹"系统,但由于以色列拒绝向美国分享该系统的源代码,后续采购暂时搁浅。

不过,任何武器系统都并非完美,"铁穹"是以色列与巴勒斯坦人无休止冲突的缩影,它的存在对以色列来说是把双刃剑。一方面,它是以色列科技创新的完美范例,成功地守护了以色列境内居民的生命财产安全,但另一方面它也让以色列人产生了某种虚假的安全感,仅仅因为觉得不再会受到哈马斯火箭的伤害而失去了解决巴以冲突的紧迫感,不再去寻求更深层次的解决方案。"铁穹"实际上是利用技

2021年5月以色列"铁穹"系统（左）拦截哈马斯火箭弹（右）

术隐藏了巴以之间深层的结构性社会矛盾。

2021年5月，巴以之间爆发了新一轮冲突。加沙地带的哈马斯无论在武器和战术上都有了升级，采用伊朗研制的新型火箭，用饱和打击的方式向以色列境内发起了多次袭击，此轮冲突暴露出了"铁穹"系统的一些短板，尤其是在应对饱和打击时仍显得捉襟见肘，有不少火箭弹突破了防御，为此，新的"铁穹"系统已经在改进研发中。以色列通过"铁穹"展示了非凡的科技实力，以及对保护本国公民的坚定不移的关注，但是世上没有完美的防御，只要巴以冲突仍在持续，"铁穹"的神话就会一次次受到挑战。

4. 狮式战斗机

以上介绍的几款以色列国防军经典装备都是以色列军事工业的成功典范，除了这些以外，以色列的"TAR-21"突击步枪、"哈比"无人机、"杰里科"弹道导弹、"黛利拉"巡航导弹、"长钉"反坦克导弹、"大卫弹弓"中程导弹拦截系统也都是享誉国际的耀眼明星，为以色列赢得了极高的声誉和经济收益。不过，以色列的军工发展道路并非一帆风顺，也经历过不少曲折。在有些领域，以色列虽然一开始雄心勃勃，投入大量资源和精力进行研发，但并没有获得理想的成果，这迫使以色列认清自身实力的局限性,暂停了对这些领域的投入,一个最突出的例子就是战斗机。

以色列建国后自主生产的第一个完整的战斗机就是70年代初列装的"幼狮"战斗机,只不过这款战机并非以色列原创,而是根据法国的"幻影5"战机仿制的,发动机则是获得美国授权生产的通用公司J79发动机。以色列研发"幼狮"是为了对抗当时叙利亚空军新引进的苏-23系列战机,虽然其性能达到了要求,但由于在技术和资金上都依靠美国的帮助,很大程度上要看美国眼色行事。当时以色列已是美国A-4、F-15战机的重要买家,美国正开始向以色列出售F-16战机,美国担心"幼狮"的出现会减少以色列美国战斗机的依赖,影响F-16的出口,因此对以色列不断施压,最后以色列不得不放弃了"幼狮"战机的继续研发,已经服役的"幼狮"战机也只能在以色列空军中充当二线角色,在整个服役期间,仅有一次击落敌机的记录。

尽管"幼狮"的光芒在以色列空军中被美国F-15和F-16彻底压制,

以色列"幼狮"战机

最后郁郁而终，但其优良的性能还是得到了国际认可，美国就向以色列租赁了一批"幼狮"战斗机，用来在模拟空战中扮演假想敌。此外，退役的"幼狮"战机还被卖到了哥伦比亚、厄瓜多尔、斯里兰卡等国。许多南美和亚洲的发展中国家都对"幼狮"战机表示了兴趣，但由于此款战机采用了美国发动机，必须得到美国认证后才能出售，所以"幼狮"战机的出口受到了极大限制。

但是以色列的战机梦并未因"幼狮"项目的搁浅而终止，"幼狮"项目对以色列来说最大的价值是让其军工企业拥有了制造整台飞机的能力。以此为基础，从1974年底开始，以色列航空工业公司的一个小型工程师团队开始了"狮子"战机的研发工作，这是以色列飞机工业公司最雄心勃勃的项目：从头开始独立自主设计研发一种世界领先的战斗机，特别是1977年美国总统吉米·卡特阻止了美国先进军用飞机的出口。尽管以色列不受禁令的限制，但许多受影响的美国其他

以色列空军 F-16 战机

盟国实际上与美国的关系比以色列更持久和更密切，顾影自怜的以色列又回忆起了十余年前英法等国对以色列的军售毁约，更坚定了开发国产战机的决心。更糟糕的是，卡特任内还决定免除对沙特阿拉伯和埃及的出口禁令，这些国家随即分别向美国购买了F-15和F-16，这意味着以色列当时靠这两款美制战机建立起的地区空中霸主地位开始动摇。

有鉴于此，1978年以色列国家安全和外交事务委员会建议有关部门应迅速开展对"狮子"战斗机全尺寸样机的研制，并将其列入国家重要发展计划，可动用以色列一切资源保证该计划完成。1980年，以色列过会正式批准了新型战斗机研发项目，并定名为狮式战机，之前的"狮子"战机被定位为一款主要用于对地攻击的大型双发飞机，用来替代老旧的A-4和"幼狮"战机，配合以色列空军中的F-15和F-16战机以形成打击梯度。但是改名为狮式战机并立项后，以色列对这款战机的定位一直在不断变化，到1982年最后确定要将其打造成一款能与F-16比肩甚至更优秀的多用途单发战斗机：既要能提供近距离支援，又能执行防空和空中压制任务。

虽然狮式战机的总体设计由以色列独立完成，但在后续研发中，以色列受自身航空工业基础和资金的限制，再次不自觉地走上了"幼狮"开发的老路。狮式战机所需的许多先进科技仍不得不求助于美国，比如普惠公司的PW1120发动机、石墨环氧复合材料、电子对抗设备、雷达预警接收器、广角和平视显示器、可编程信号处理器仿真器、飞行控制计算机、单晶涡轮技术等。此外，以色列还获得了美国约20亿美元的专项援助，以色列和美国当时都没意识到，这些援助也为狮式战机项目的失败埋下了伏笔。

出人意料的是，反对的声音首先来自以色列空军，所持理由很简单：狮式战机所能做到的，F-16都能做到，而且当时美国最新的F-16C已经上市，价格甚至比狮式战机还便宜。既然可以购买价廉物美技术又成熟的飞机，以色列空军自然没有兴趣把赌注压在一个开发项目上。而对美国来说，向外国武器项目注入资金越来越成为一个政治上的棘手问题，更何况此时的里根总统已经取消了飞机出口禁令，美国也在

四　军事产业　089

以色列狮式战机原型机

积极寻求向国外出售飞机,而狮式战机一旦研发成功很有可能成为美国战机在国际市场上的竞争者。种种原因使得以色列内部和美国都开始向狮式战机的研发项目施压,1987年8月30日,以色列内阁投票终止了狮式战机计划,结束了以色列历史上最大的一次武器研发尝试。今天,只剩下两架狮式战机原型机可证明这个项目曾经存在,一架陈列在以色列空军博物馆,另一架在本-古里安国际机场的以色列航空工业公司办公区。

　　随着狮式战机的故事退出历史舞台,它的记忆在后人中逐渐消失,它对以色列国家安全更广泛的意义和重要性也同样在很大程度上被遗忘。但这个计划背后的影响以及取消计划的连锁反应,直到今天还在影响以色列的方方面面。在狮式战机原本预计投产的时间,以色列向美国购买了大约270架F-16CJ飞机,从此购买美国战机成了以色列空军的唯一选项。除了大量采购三代和四代战机外,以色列成美国第一个交付第五代战机F-35的外国客户,也是世界上第一个在敌对领空部署F-35作战的空军。此外,狮式战斗机项目取消后,以色列航空工业公司立即解雇了4 000多名员工,其中包括1 500多名工程师。这种技术和经验人才的流失严重削弱了以色列的航空航天工业。时至

以色列空军 F-35 战机

以色列空军 F-15 战机

今日，以色列的航空航天部门从未完全恢复，几乎彻底退出了战机研发领域。

这就是失败的狮式战斗机项目的持久影响，以色列不仅仅丧失了制造国产飞机的能力，更重要的是丧失了在空军领域提出一种以色列替代方案以满足以色列独特需求的能力。以色列空军一直在努力寻找一种平衡，以满足其未来30年对战斗轰炸机的需求，尽管隐形的 F-35 在以色列空军的服役看似成功，但其有效载荷和作战半径都并不能使以色列满意，以色列只能向美国采购额外的非隐形 F-15I 战斗轰炸机作为补充。实际上以色列国防军真正需要的战机既不是 F-35 也不是 F-15I，而是一种能够将 F-35 的隐形能力与 F-15I 的射程和有效载荷相结合的飞机，不幸的是，至今没有这样的飞机，而以色列的战机制造业在狮式战斗机项目取消后也一蹶不振，无力再提供适合自己国情的替代方案。这是以色列军事工业在光鲜外表下不堪回首的一段隐痛，也是强权大国阴影下的小国在追求独立自主发展中艰难历程的真实写照。

结 语

土生土长的以色列人喜欢把自己称为"萨布拉",这是一种生长在沙漠中的仙人掌科植物,生命顽强,外表布满尖刺,内部却柔软多汁可供食用。确实,以色列自诞生以来,就像仙人掌般在中东波诡云谲的环境中顽强地生长,并且开花结果,以色列国防军则像这株仙人掌上的利刺,保护着这个年轻的国家。更为形象的是,仙人掌之刺只有在遭到攻击的时候才会发挥作用,而且所受的压力越大,反而会让敌方越痛苦,以色列国防军的战略主题也是防御;以色列的全民兵役制,保证了国防军随时可以动员全体公民保家卫国,使国家成为密布尖刺的仙人掌。

当然,树欲静而风不止,随着历史的发展,以色列内外形势变得越来越复杂,以色列国防军扮演的角色和遭受的风评也开始不断变换,既有吹捧者也有贬斥者。每一方都能找到自己的兴奋点,每一方似乎都能头头是道、有理有据,他们为以色列国防军刻画了天使和魔鬼两张面孔,让围绕以色列国防军的神秘烟幕越来越浓重。这也给了本书写作极大的宽容度,因为无论本书抱持对以色列国防军赞誉还是批评的态度,也许都能找到数量不小的支持者。本书限于体裁和篇幅,只能尽量中性而简洁地勾勒出以色列国防军最接近原貌的样子,读完本书,以色列国防军到底是天使还是魔鬼,睿智的读者们可以做出自己的评判。

参考文献

[1] [美]纳达夫·萨弗兰著：《以色列的历史和概况》，北京大学历史系翻译小组译，北京：北京人民出版社，1973年。

[2] 杨曼苏主编：《以色列——谜一般的国家》，北京：世界知识出版社，1992年。

[3] 徐向群、余崇健编：《第三圣殿——以色列的崛起》，上海：上海远东出版社，1994年。

[4] [英]诺亚·卢卡斯著：《以色列现代史》，杜先菊、彭艳译，上海：商务印书馆，1997年。

[5] 张倩红著：《以色列史》，北京：人民出版社，2008年。

[6] [以]伊斯雷尔·德罗里、塞缪尔·埃利斯著：《创新的族谱：以色列新兴产业的演进》，龚雅静译，上海：上海社会科学院出版社，2017年。

[7] [以]丹尼尔·戈迪斯著：《以色列：一个民族的重生》，王戎译，杭州：浙江人民出版社，2018年。

[8] [美]雷蒙德·P.谢德林著：《犹太人三千年简史》，张鋆良译，杭州：浙江人民出版社，2020年。

[9] 靳卫：《闻名遐迩的以色列"乌齐"冲锋枪》，《四川兵工学报》，2004年第1期。

[10] 郑贞、刘学政、成凤圣：《以色列国防军领导体制》，《国际研究参考》，2014 年第 5 期。

[11] 张吉洋、李微：《以色列国防军后勤建设特点与启示》，《训练与科技》，2017 年第 6 期。

[12] 张亚、丁刚：《以色列国防军新"动量"军事改革计划分析与展望》，《军事文摘》，2020 年第 15 期。

[13] Ze'ev Drory, *The Israel Defence Force and the Foundation of Israel*, London: Routledge Curzon, 2005.

[14] Martin van Creveld, *The Sword and the Olive: A Critical History of the Israeli Defense Force*, New York: Public Affairs, 1998.

[15] Neil Asher Silberman, *A Prophet from amongst You: The Life of Yigael Yadin*, New York: Addison-Wesley Publishing Company, 1993.

[16] Ze'ev Schiff, *A History of the Israeli Army: 1874 to the Present*, New York: Macmillan Publishing Company, 1985.

[17] Gunther E. Rothenberg, *The Anatomy of The Israeli Army*, London: B. T. Batsford, 1979.

[18] J. Bowyer Bell, *Terror Out of Zion: Irgun Zvai Leumi, LEHI, and the Palestine Underground, 1929-1949*, New York: St. Martin's Press, 1977.

[19] Edward Luttwak, Dan Horowitz, *The Israeli Army*, London: Allen Lane Penguin Books Ltd, 1975.

[20] Yigal Allon, *The Making of Israel's Army*, New York: Bantam Books, 1971.

[21] Moshe Pearlman, David Ben-Gurion, *Ben Gurion Looks Back in Talks with Moshe Pearlman*, London: Weidenfeld and Nicolson, 1965.

附录 1

中以交往一枝春

2022 年 1 月 24 日是中国和以色列建立大使级外交关系的 30 周年纪念日。在过去的 30 年，中以关系已经发生了翻天覆地的变化，两国交往经历了前所未有的发展阶段。不仅如此，早在 2017 年，中以就正式为两国关系定位，确立了"创新全面伙伴关系"，以创新为抓手，推进两国关系稳步向前发展。沉浸在喜悦之中的我，思绪禁不住回到建交之前的 1988 年。

那年的 6 月 22 日，当美联航从芝加哥直飞以色列的航班在本－古里安机场降落时，我即刻意识到自己的一个梦想成真了。与此同时，自己也在不经意间创造了一项无人可以打破的中以交往史记录：成为中国与以色列正式建立大使级外交关系之前第一位应邀访问以色列并即将在希伯来大学公开发表学术演讲的中国学者。当时的激动心情至今难忘，尽管在那以后我又先后十余次造访以色列，每次访问都有不小的收获，但 1988 年的访问毕竟是我第一次踏上以色列国土，第一次来到中东地区，第一次走到了亚洲的最西端，第一次如此近距离贴近以色列社会。

为什么得以在彼时造访以色列？如何在中以没有任何正式外交关系的情况下获得访问以色列的签证？我眼中看到的以色列是一个什么样子？此行对我的学术生涯会造成什么样的影响？

坦率地讲，希望有机会访问以色列的想法与我此前两年在美国的经历有着密切的关联。

我第一次走出国门是 1986 年夏，那是我在南京大学工作的第 10 个年头。与彼时绝大多数出国人员不同的是，我去美国并不是留学，而是到美国的大学（芝加哥州立大学）执教。在机场，我受到芝加哥州立大学英文系主任弗兰德教授（Professor James Friend）的亲自迎接。在驱车进城的路上，他热情地告诉我他和他的夫人决定邀请我住到他的家中，希望我能够接受他们的这一邀请。这当然是一件喜出望外的事，尽管我在之前与他的通信中（当时由于尚未有互联网，人们之间的联系主要依靠书信。而一封信件的来回大约需要一个月到一个半月）提及希望他能够帮助我在学校附近租一个房子，因为芝加哥州立大学在决定聘用我的信中明确表示学校不提供住处，必须自行解决住房问题。

弗兰德教授是犹太人，1985 年秋，根据南大－芝州大友好学校交流协议曾来南大英文系任教。当时我是南大英文专业的副主任，除了行政方面的工作，还负责分管在英文专业任教外国专家的工作，因此与弗兰德教授有较为密切的接触，结下了深厚的友谊。实际上，我收到去芝州大教书的邀请就得益于他的推荐。他的夫人也是一位在大学教书的犹太人。他们的两个女儿当时已大学毕业离开了家，家中有空出的房间供我使用。能够住在他家中，显然为我这个初来乍到的人在美国生活开启了一个良好的开端，我没有丝毫犹豫就欣然接受。事实证明，由于是与一位熟悉的人生活在一起，我非常顺利地开始了在一个陌生国度的生活，没有经历绝大多数人都不可避免会在开始阶段感受到的文化冲击（culture shock）。我不用准备任何生活用品和油盐酱醋方面的物品，早晚餐和他们一起用，而且到学校教书，来回都搭弗兰德教授的便车（当然我当时尚不会驾车）。更为重要的是，生活在弗兰德的家中，不仅让我感受到家的温馨，认识和熟悉了他们的所有亲朋好友，而且与当地犹太社区有了广泛的接触。现在回忆起来，和他们生活在一起，简直就是以前所未有的方式"沉浸"在犹太式的生活之中，为我提供了一个了解犹太人和体验犹太式生活不可多得的绝佳机会。

在与犹太人交往的过程中,我对以色列这个世界上唯一的犹太国家开始有了新的认识:以色列不再只是依附于世界头号强国、不断引发周边冲突的暴力形象,而是一个为所有国民提供归属感的崭新国家。在那里,犹太民族成为主权民族,其传统不仅得到了很好的传承,而且不断发扬光大。我逐渐了解到古老的希伯来语早已在那里得到复活,成为以色列社会的日常用语,使用现代希伯来文进行文学创作的阿格农早在1966年便获得诺贝尔文学奖;基布兹作为以色列实行按需分配原则的农业形态一直生机勃勃,吸引了世界的目光。更重要的是,以色列被视为是世界上所有犹太人的共同家园。

新的认识使得我有了希望能够去看一看的想法。或许是那两年与众多犹太人有过频繁交往,或许是我在犹太社区做过一系列讲座的缘故,熟识的犹太朋友主动为实现我的这一愿望牵线搭桥——终于,在我决定回国履职之际,我收到以色列著名高等学府希伯来大学和以外交部的共同邀请,邀我对以色列进行学术访问。邀请方对我提出的唯一要求是希望我能够在希伯来大学做一场学术演讲,题目由本人决定。

根据安排,我有十天的访问时间。到达以色列时,我荣幸地受到以色列外交部的礼遇。中以建交后担任以色列驻华大使馆政治参赞的鲁思(Ruth)到机场接机,并陪同前往耶路撒冷的下榻饭店。具体负责我在以访问活动的是希伯来大学杜鲁门研究院院长希罗尼教授(Professor Ben-Ami Shillony)。次日上午,希罗尼教授如约来到饭店,与我见面。寒暄后,他递上了一份准备好的详细访问日程,并表示我有什么要求可以随时提出。

访问从驱车前往希伯来大学开始。在那里,我们除了参观了解希伯来大学,还重点参观了解了杜鲁门研究院,并参加了当日下午在杜鲁门研究院举行的研究院新翼图书馆落成揭幕式。由于新翼图书馆是美国人捐款建设起来的,美国驻以色列大使一行专程前来参加揭幕式。主宾的衣着令我印象深刻:以方的出席人员个个着西装领带,而美方人士则个个着休闲便装。而我事先了解到的以色列着装习俗应该是这样的:以色列人以随意著称,很少着西装打领带。可今天,出于对嘉宾的尊重,以方人员个个着西装打领带出席;而通常以正装出席揭幕式这类正式活动的美国人,为了表示对以色列人的尊重,特意着便装出席。彼此都为对方着想,表明两国不同寻常的亲密关系。

在接下来的参访中,几乎每一项活动都令我思绪万千,对我日后的学术研究产生重要影响。譬如,在参观了大屠杀纪念馆后,我在接受《耶路撒冷邮报》的采访时,说了这样的话:现在我终于明白犹太人为什么一定要复国。《耶路撒冷邮报》第二天报道了这一采访。对反犹主义的研究从此成为我学术研究的一个主攻方向。我不仅出版了《反犹主义解析》和《反犹主义:历史与现状》等专著,发表若干论文,而且在国内大力推动"纳粹屠犹教育",并作为中国代表出席联合国教科文组织在巴黎召开的"纳粹屠犹教育"国际会议。

在参观了"大流散博物馆"后,我对犹太人长达1800年的流散生活有了更直观的了解,感叹犹太传统在保持犹太民族散而不亡一事上发挥的作用。而博物馆中陈列的"开封犹太会堂"模型和专门为我打印的开封犹太人情况介绍促使我在回国后专程去开封调研,并把犹太人在华散居作为自己的另一个研究方向,其成果是两部英文著作和数十篇相关论文。

穿行在耶路撒冷的老城,我体验到了什么是传统和神圣;行走在特拉维夫,我感受到以色列现代生活的美妙和多姿多彩;在北部加利利地区的考察,令我切切实实地感受到以色列历史的厚重;而在南部内盖夫地区的参观,让我真真切切体验到旷野的粗犷;在马萨达的凭吊,令我感受到什么是悲壮;而在海法的游览,则使我体验到什么是赏心悦目;在基布兹的访问,令我这个曾经在农村人民公社劳动和生活过的人感慨万千——犹太人在农业上的创新做法和务实态度令我不停地发出种种追问,我被基布兹的独特性深深吸引,好奇心使我提出再参观一个基布兹的要求,并得到了满足。

由于我在南京大学最初的10年主要是从事美国犹太文学的研究,在访问期间,我提出希望能够会见以色列文学方面人士的要求,于是我便拜访了以色列文化部,并结识了文化部下属以色列希伯来文学翻译学院负责人科亨女士(Nilli Cohen)。科亨女士是学院负责在全球推广希伯来文学翻译的协调人,我与她建立了工作关系,并一直保持通讯联系。此外,我们还有幸拜会和结识了特拉维夫大学希伯来文学资深教授戈夫林(Nurit Govrin),在向她请教若干关涉现代希伯来文学的问题后,还请她推荐了一些作家和作品。由此,本人对现代希伯来文学的兴趣大增,在随后不到10年的时间内,经本人介绍给国内出版界的以色列当代作家多达50余位。1994年,我因译介现代希伯来文学再度受邀出访以色列。在出席以色列举办的"第一届现代希伯来文学翻译国际会议"之际,以色列作家协会为出席会议的中国学者专门举行了欢迎酒会,使我终于有了一个与绝大多数译介过的作家见面的机会。

我必须承认,在初次以色列之行中最触动我心灵的经历是与以色列一系列汉学家的见面交流。老实说,会见以色列汉学家并非出于本人要求,而是以色列接待方的精心安排,因为当时的我压根就不知道,也没有想到,以色列会有汉学家。以色列接待方根据我的身份——一个对犹太文化感兴趣的中国学者,认为安排我会见以色列的汉学家是一项有意义的活动。根据安排,我在特拉维夫大学会见了谢艾伦教授(Professor Aron Shai),他是一位史学家,专攻中国近现代史。我专门旁听了他的中国史课,并与学生进行了简单的交流。谢艾伦后来出任特拉维夫大学的教务长(相当于常务副校长)一职,不仅到南京大学访问过,还热情接待由我陪同访问的南京大学校长代表团。我在特拉维夫大学会见的还有欧永福教授(Professor Yoav Ariel),他是研究中国古典文化的学者,将中国经典《道德经》译成希伯来文。在希伯来大学,我结识的汉学家有研究中国政治和外交的希侯教授(Professor Yitzhak Shichor),研究中国文化的伊爱莲教授(Professor Irene Eber)。此后我与伊爱莲教授多次在国际场合见面交流,友谊长存(伊爱莲教授于2019年与世长辞)。后来(1993年),在拜会以色列前总理沙米尔时,沙米尔在了解到我当时正在学习希伯来语后,告诉我以色列政府在50年代初就安排了一位名叫苏赋特(Zev Sufott)的以色列青年学习中文。尽管在随后的30年他一直学非所用,但是当1992年中以终于建交后,苏赋特出任以色列第一位驻华特命全权大使。

这一系列的会见使我惊叹不已。以色列这么一个小国（当时的人口尚不足500万），竟然有多位专门研究中国历史、文学、社会、政治、外交等方面的专家教授，其中有的还享有国际声誉。而就我所知，当时偌大的中国（人口是以色列的近240倍），却鲜有专事研究犹太文化者，中国高校亦无人从事犹太文学的教学！这一反差对我的冲击实在是太大了。作为一个在美国有两年时间"沉浸"在犹太文化中的人，出于一种使命感，我在以色列就发誓回去后一定投入对包括以色列在内的犹太文化研究。

回国后，我义无反顾投身于犹太学研究，确立了自己新的研究方向、开启一个全新治学领域，同时在南京大学创办了犹太和以色列研究所，组织编撰了中文版《犹太百科全书》，率先向国内学界介绍引入现代希伯来文学，建起了一座英文书籍超过三万册的犹太文化图书特藏馆，召开了包括"纳粹屠犹和南京大屠杀国际研讨会"与"犹太人在华散居国际研讨会"在内的大型国际会议，培养了30多名以犹太学为研究方向的硕士生和博士生……进而勾勒出了中国犹太/以色列研究的概貌。

回望过往，发生的一切显然过于神奇，只能用"奇迹"来描述。

而这一切源于1988年以色列的处女之旅。从此，以色列对于我而言，是一个令奇迹发生的国度。

徐新
2022年岁首

附录 2

南京大学黛安/杰尔福特·格来泽犹太和以色列研究所简介

　　1992年，借中国和以色列国正式建立大使级外交关系之东风，南京大学批准成立一专事犹太文化研究兼顾教学的学术研究机构——南京大学犹太文化研究所。不过，在这之前，南京大学就已经开始对犹太文化进行研究，主要由南京大学学者牵头的学术团体"中国犹太文化研究会"（China Judaic Studies Association）于1989年4月宣告成立，并卓有成效地开展工作。随着犹太文化研究的深入，搭建一个平台（即建立研究所）显得十分重要，而这样的研究机构的出现在中国高等教育系统尚属首次。研究所正式成立的时间为1992年5月，最初名为"南京大学犹太文化研究中心"，2001年更名为"南京大学犹太文化研究所"。2006年，为感谢有关基金会和个人的支持，特别是设在美国洛杉矶的黛安/杰尔福特·格来泽基金会的慷慨支持，研究所于是改名为"黛安/杰尔福特·格来泽犹太和以色列研究所"，该名称沿用至今。

　　研究所建立之初确立的宗旨是：更好地增进中犹双方的友谊，满足中国学术界日益增长的对犹太民族和文化了解的需求，推动犹太文化的研究和教学在国内特别是在高校系统的进一步开展，培养这一学术领域的专门人才，以此服务于中国当时方兴未艾的改革开放事业，推动中国与世界的进一步融合。"不了解犹太，就不了解世界"是研究所当时提出的口号，该口号简洁明了地表明这一研究机构成立的动因。

研究所在其30年的历史中成绩斐然，包括：

● 组织撰写并出版首部中文版《犹太百科全书》（上海人民出版社，1993年），该书成为中国最具权威和广泛使用的一本关涉犹太文化的大型工具书（200余万字，1995年获"全国最佳工具书奖"）；撰写并出版包括《犹太文化史》（北京大学出版社，2006年）、《反犹主义：历史与现状》（人民出版社，2015年）在内的著作10余部；组织翻译并出版犹太文化方面的著作20余种；编辑出版"南京大学犹太文化研究所文丛"一套；同时发表各类论文超过100篇。

● 在南京大学逐步开设一系列犹太文化方面的课程，不仅有专门为本科生开设的课程，更多的是为研究生开设的课程。

● 招收和指导犹太历史、文化和犹太教研究方向的硕士研究生和博士研究生。已有30多名研究生在研究所学习，从本研究所获得博士学位的研究生超过15人，大多数学生毕业后在中国各大学执教，讲授犹太历史文化方面的课程。

● 组织举办大型国际学术研讨会，促进中外学者之间的交流和研讨，包括1996年在南京大学召开的"第一届犹太文化国际研讨会"、2002年召开的"犹太人在华散居国际会议"、2004年召开的"犹太教与社会国际研讨会"、2005年召开的"纳粹屠犹和南京大屠杀国际研讨会"，以及2011年召开的"一神思想及后现代思潮研究国际研讨会"。

● 举办犹太历史文化暑期培训班3期，聘请国际犹太学者授课，受训的中国各高校和研究机构的教师、研究人员和研究生达100人，有力促进了犹太文化教学和研究在国内高校的开展。

● 开展国际合作，先后举办各种类型的犹太文化展近10次，内容涉及犹太历史、犹太文化、以色列社会、美国犹太社团、犹太学研究、纳粹屠犹、犹太名人等，促进了中国社会对犹太历史文化的了解，增进了中犹人民间的友谊。

● 邀请超过 50 位国际著名犹太学者来华、来校进行交流、讲学，演讲场次超 100 场。

● 大力开展对犹太人在华散居史的专门研究，特别是对中国开封犹太人的研究。已发表专著 2 部（英文、美国出版）、论文数十篇，在国际学术界能够代表中国学者在这一研究领域的水平。

● 建立起中国迄今为止规模最大的犹太文化专门图书馆，仅英文藏书就已超过 3 万册，涉及犹太文化研究的方方面面。

● 与若干国际学术机构建立联系或互访，包括美国哈佛大学犹太研究中心、耶希瓦大学、希伯来联合学院、宾夕法尼亚大学、加州大学、布朗大学、以色列希伯来大学、特拉维夫大学、巴尔伊兰大学、本－古里安大学、英国伦敦犹太文化教育中心等。

● 积极筹措资金，为犹太文化研究和教学的开展提供经费支持。除了众多个人捐助，还有许多给予研究所各种研究和教学资助的国际基金会，包括：黛安／杰尔福特·格来泽基金会、斯格堡基金会、罗斯柴尔德家庭基金会、布劳夫曼基金会、列陶基金会、犹太文化纪念基金会、博曼基金会、卡明斯基金会、散居领袖基金会等。10 余年运作下来，本研究所的规模不断扩大，收益稳定，每年的收益已经能够确保每年发放奖学金数十份、奖励犹太文化研究领域的师生多名，并为各类学术活动提供经费支持。

需要特别指出的是，积极参加国际学术活动和开展国际学术交流会是南京大学犹太文化研究所学术活动的重要特点。在将国际犹太学者"请进来"的同时，研究所的教师也已大步地"走出去"。研究所的研究人员多次外出访问，特别是美国、以色列、德国、英国、加拿大等国，或在国际会议中宣读论文、交流学术，或担任客座教授讲学授课。据不完全统计，本所研究人员在若干国家发表过的学术演讲已达 700 余场次。此外，研究所每年都会选派研究生前往以色列有关大学进修或从事专题研究。通过这类学术活动，研究所与世界范围内的犹太学术界、犹太人机构及犹太社区建立了广泛而密切的联系，在扩大影响的同时，又推动了研究所各项工作的开展。

南京大学犹太文化研究所因其在犹太和以色列研究领域中取得的成就，已成为中国高校中最早对犹太文化进行系统研究并取得丰硕成果，同时又具有较高国际知名度的一所文科研究机构。

附录 3

看起来满街是枪的以色列何以没有大型枪击案？[①]

到过以色列的人大都会留下一个"满街是枪"的印象：年轻的男女士兵们背着各种类型的枪支逛街泡吧，阿拉伯区的旅游景点总少不了荷枪实弹的巡逻军警，进入一些场馆会受到佩戴手枪的保安人员检查，参加团体旅游时常会有背着冲锋枪的保安陪同，甚至有时会在街上看见不穿制服的平头百姓也抗着冲锋枪招摇过市。一句话，你在以色列街头看见持枪者的概率大大高于其他西方国家。

对于很多关注美国频发的大型枪击案的讨论者来说，以色列表面上的高持枪率和较低的枪击死亡率，特别是极其罕见的大型枪击案之间的矛盾是一个难解之谜。美国的拥枪派喜欢引用以色列的例子证明"是人在杀人，而不是枪在杀人"，并以此论证禁枪的错误。

从某种意义上来说，以色列的情况确实能够证明"重要的不在于是否持枪，而是什么人持枪"，但是另一方面，与美国拥枪派"持枪是天然权利"的论调相反，在以色列，"什么人持枪"是由国家的一系列法规和政府部门的严格管理程序决定的。

以色列的《武器法》明确规定国民不享有"持枪权"，同时有一

[①] 本文转载自张平：《看起来满街是枪的以色列何以没有大型枪击案？丨圣地三十年手记》，https://mp.weixin.qq.com/s/z9m2Biv1Gfph1kYIWMGlUg，2021-11-25。

整套详细的法规和程序确定什么人可以特许持枪。持枪的基本条件包括：本人是以色列公民或永久居民，至少在以色列居住了三年以上；懂希伯来语（由审查官员判断）；达到最低年龄要求（按服兵役和国籍情况决定，服兵役的公民18岁即可，不服兵役的永久居民45岁才合格）；家庭医生签字的身心健康证明；完成了政府规定的射击训练课程。

符合基本条件只是表明你有资格申请持枪，能否批准持枪则要看你持枪的理由是否合乎政府的规定。在以色列，三种情况可以成为持枪的理由：其一是地域理由，主要包括存在安全风险的边境地区和定居点，这些地区的居民可以为了防身而持枪；其二是国家安全理由，包括各类军警人员（对军人有一定级别要求）、安全保卫人员以及各类救护机构的工作人员；其三是职业理由，包括农民、猎人、兽医、射击运动员、射击场所工作人员等几个极其有限的职业，比较特别的是：以色列的正式执照导游属于准许持枪的职业。除此之外，收藏枪支，特别是有纪念意义的收藏（比如祖传枪支）也是允许的，但必须去除枪支的击发功能，使其完全成为摆设。

即使你完全具备了上述条件和理由，你的持枪申请也未必能获得批准。很多情况，比如犯罪记录、吸毒记录、精神疾患或心理问题的记录都有"一票否决"的能力，持枪申请是主管官员审查斟酌之后的决定，而非公民按资格领取的自动授予。

在这样严格的枪支管控法规下，以色列持枪申请的拒绝率高达40%，是西方国家中最高的。2007年，以色列私人持枪约50万支，当年以色列国人口为700多万，也就是每100人持枪7.3支，该持枪率在世界179个得到统计的国家中名列第81位，只处于中游水平。对比之下，美国每100人持枪120支以上，远远不可同日而语。

以色列不仅对私人持枪的许可严格管控，而且对枪支的使用也有着严格的规定。在以色列，每一支私人枪械都做了标记，配有记录了详细资料的许可证，许可证每两年更新一次，发现任何不合规情况都会予以吊销。由于许可证上的资料只有内务部有权更改，因此实际上私人枪械的买卖都是需要政府批准的。每支枪械最多只能配备50发子弹，消耗之后才能补充。

更重要的是，以色列私人枪支使用的理念是"枪支仅用于保护生命，而不做其他用途"。以色列官方多次明确表示私人枪支的存在不是为了制止犯罪或者恐怖主义活动。即使是恐怖分子，只要他手中没拿武器，没有危及生命，你就不能将其击伤或击毙。同样，以色列也禁止使用私人枪支制止一般犯罪活动，更严禁使用枪支对付入侵私人领地或者入室盗窃这类财产相关的犯罪活动。实际上，这条规定甚至包括了以色列国防军——以色列国防军多年来为军火库被盗的问题头疼不已，因为法律禁止向小偷开枪，军方实际上无法制止盗窃军火行为的不断发生。这种情况直到最近才开始改变，在被盗几十年，丢失了大量军火武器之后，以军终于获得许可，可以向盗窃军火库的罪犯开枪。

在这样严格的私人枪支管控之下,以色列的枪击死亡率也是很低的。2019 年以色列的枪击死亡率是每 10 万人 2.09,远远低于全球每 10 万人 6.5 的平均水平,只有美国枪击死亡率(12.21/10 万人)的六分之一,在全球处于中游状态。

因此,"以色列私人持枪率很高"其实是个错觉,是被以色列"满街都是枪"的表象误导而得出的结论。实际上,你在以色列街上看到的枪支绝大多数都不是私人枪支,而是军队的枪。以色列国防军有 100 多万支枪。在世界各国的军械库中,以军的枪支不算多,但是在平民世界的出场频率非常高——"人人当兵"的国情加上战斗部队"枪不离手"的军规,使得以色列国防军的枪械到处可见,这是你在其他国家见不到的情况。不过,以军今年也开始改变做法,越来越多地要求回家休假的士兵把枪留在军营,从而有效地降低了士兵吞枪自杀的人数。无论如何,经过严格筛选(虽然人人当兵,但进入战斗部队的要求是非常严格的),受过严格训练,受到军纪约束的军人在日常生活中持枪与没有任何限制的平民持枪是两个完全不同的概念,在安全方面,前者显然要比后者可靠得多。这也就是以色列"满街都是枪"但从未发生过大型枪击案的原因。